Michael Baumgart, Werena Broers, Bernhard Engelhardt, Volker Kähler, Werner Michler, Rudolf Neuhierl, Konrad Ohlwerter

Wirtschafts- und Sozialprozesse
Berufe der Lagerlogistik

Arbeitsheft

1. Auflage

Bestellnummer 00398

Bildungsverlag EINS

Haben Sie Anregungen oder Kritikpunkte zu diesem Produkt?
Dann senden Sie eine E-Mail an 00398_001@bv-1.de
Autoren und Verlag freuen sich auf Ihre Rückmeldung.

Bildquellenverzeichnis

Bergmoser&Höller: 86_1
DPA Picture-Alliance: S. 54_1, 57_1, 57_2, 58_1, 59_1
DIHK, Berlin: S. 7_1
EHI Retail Institute, Köln: S. 126_1
FAZ: S. 129_1 (Kaiser)
Institut der deutschen Wirtschaft, Köln: S. 126_1
Postbank: S. 128_1
Süddeutsche Zeitung: S. 71_1 (Dieter Hanitzsch)

www.bildungsverlag1.de

Bildungsverlag EINS GmbH
Hansestraße 115, 51149 Köln

ISBN 978-3-427-**00398**-4

Vorwort

Dieses Arbeitsheft wendet sich an alle Auszubildenden und Umschüler, die vor allem den Beruf der Fachkraft für Lagerlogistik oder der Fachlageristin bzw. des Fachlageristen ausüben wollen.

Es orientiert sich an den neuen KMK-Rahmenlehrplänen und deckt die wirtschafts- und sozialpolitischen sowie rechtlichen Inhalte der Lernfelder 1 bis 11 als auch die Elemente für den Unterricht der Berufsschule im Bereich Wirtschafts- und Sozialkunde gewerblich-technischer Ausbildungsberufe ab. Damit vermittelt das Arbeitsheft, wie auch das Lehrbuch, das gesamte prüfungsrelevante Wissen für das Prüfungsfach Wirtschafts- und Sozialkunde.

Wie das Lehrbuch ist auch dieses Arbeitsheft sehr gut für weitere Ausbildungsberufe geeignet, auch wenn die Beispiele häufig aus dem Bereich der Lagerlogistik genommen wurden.

Das Arbeitsheft soll zur Unterstützung des zu erarbeitenden Lehrstoffes im berufsschulischen wie im betrieblichen Unterricht dienen, aber auch zur Selbsterarbeitung im außerschulischen Bereich.
Situationen und Arbeitsbeispiele sollen die betriebliche Relevanz der Fragen verdeutlichen. Grafiken und Schaubilder präzisieren die Fragen. Auch soll das Ausfüllen bzw. Ergänzen von für Auszubildende und/ oder Arbeitnehmer relevanten Formularen helfen, sich in einer entsprechenden Situation schnell und zielgerichtet zu verhalten.

Die Fragetechniken und Bearbeitungsformen sind vielseitig und abwechslungsreich. Sie sollen die Methoden- und Sozialkompetenz fördern. So wechseln sich offene Aufgabenstellungen mit Multiple-Choice-Fragen ab. Aber auch „Lücken-Tests" und „Kreuzwort-Rätsel" sind vorhanden. Dadurch wird vermieden, dass das selbständige Erarbeiten mit der Zeit langweilig wird.

Das Arbeitsheft ist wie das Lehrbuch auf die Entwicklung von Handlungskompetenz gerichtet.
In Zusammenarbeit mit dem Lehrbuch können so auch einzelne, noch nicht vollständig bei den Lernenden erfasste wirtschaftliche und soziale Zusammenhänge verdeutlicht werden.

Das Autorenteam hofft, den Auszubildenden, Umschülern, Ausbildern, Lehrkräften und Dozenten ein Arbeitsheft an die Hand zu geben, das zum einen den Unterricht intensiviert, das Selbsterarbeiten des Lehrstoffes vertieft, und zum anderen die Vorbereitungen auf die Abschlussprüfung erleichtern wird.

Über Verbesserungsvorschläge und Ergänzungen würden wir uns freuen!

Wir wünschen allen Lernenden und Lehrenden ein erfolgreiches Arbeiten mit diesem Arbeitsheft.

Das Autorenteam

Inhaltsverzeichnis

1 Grundlagen des Arbeits- und Sozialrechts

Arbeitsblatt 1: Das „duale" Ausbildungssystem

Situation

Der 17-jährige Maximilian Kampen hat heute seinen ersten Ausbildungstag als Fachkraft für Lagerlogistik in dem Großhandelsbetrieb für Sanitär- und Heizungsbedarf S & H GmbH in Aurich. Vor zwei Monaten hatte er mit diesem Betrieb einen Berufsausbildungsvertrag geschlossen. Die Vertragsausfertigungen wurden zur Industrie- und Handelskammer (IHK) geschickt.

Die Personalchefin, Frau Ackermann, hat mit Max einen Rundgang durch alle Abteilungen des Betriebes gemacht. Zum Schluss stellt sie ihn Herrn Wilbers vor, der für die Warenannahme zuständig ist. Die Warenannahme ist die erste Abteilung, die Max im Rahmen seiner Ausbildung als Fachkraft für Lagerlogistik kennenlernen soll. Frau Ackermann hat Max eine Mappe mit Ausbildungsunterlagen überreicht. Er findet darin

- eine Ausfertigung des Berufsausbildungsvertrages,
- eine Kopie des Ausbildungsrahmenplans,
- ein Berichtsheft.

Max soll sich zunächst einen Überblick über die Fertigkeiten und Kenntnisse verschaffen, die er während der dreijährigen Ausbildungszeit erwerben soll. Am nächsten Tag will sie mit ihm seinen Ausbildungsplan besprechen. Am Mittwoch und Freitag muss Max zur Berufsschule.

1. Erkunden Sie in Ihrem eigenen Betrieb:

   a) Was ist der Unternehmenszweck des Betriebes? Um welche Art von Betrieb handelt es sich, z. B. Einzel- oder Großhandel (Sanitärhandel, Lebensmittelhandel, Baustoffe usw.), Dienstleistungsbetrieb (Lagerhaltung, Spedition), Industriebetrieb (welches Produkt)?

   b) Welche (Ausbildungs-)Abteilungen gibt es im Betrieb?

2. Max ist der Unterschied zwischen einem Ausbildungsrahmenplan und einem Ausbildungsplan nicht klar. Er fragt Frau Wilbers. Was wird sie ihm erklären?

3. Im Berufsbildungsgesetz werden im § 2 Betrieb und Berufsschule als Lernorte genannt, die bei der Durchführung der Berufsausbildung zusammenwirken sollen.

a) Wie wird diese Form der Berufsausbildung deshalb genannt?

b) Wo sind die Inhalte der betrieblichen und schulischen Ausbildung jeweils festgehalten?

4. Klären Sie für sich, ob Sie mit dem Abschluss der Berufsausbildung an Ihrer Berufsschule einen höheren Schulabschluss erwerben können und welche Bedingungen Sie dafür erfüllen müssen.

5. Zum Berichtsheft (auch Ausbildungsnachweis genannt) in der Mappe hat Max Fragen:

- Wer sieht die Eintragungen nach?
- Wo muss er das Heft vorlegen?
- Wie ausführlich sollten die Eintragungen sein?

Arbeitsblatt 2: Der Berufsausbildungsvertrag

Antrag auf Eintragung

in das Verzeichnis der Berufsausbildungsverhältnisse
zum nachfolgenden
Berufsausbildungsvertrag

Zwischen dem/der Ausbildenden (Ausbildungsbetrieb)

Öffentlicher Dienst ☐

KNR	Firmenident-Nr.	Tel.-Nr.
	347/D-124	04941-882345

Anschrift des/der Ausbildenden (Ausbildungsbetrieb)
S & H GmbH
Sanitär- und Heizungsbedarf

Straße, Haus-Nr.
Gewerbestraße 13

PLZ | Ort
26603 | Aurich

E-Mail-Adresse des/der Ausbildenden
sult@aurich.de

Verantwortliche/r Ausbilder/in | Geburtsjahr
Karin Ackermann |

und dem/der Auszubildenden **männlich** ☒ **weiblich** ☐

Name | Vorname
Kampen | Maximilian

Straße, Haus-Nr.
Kirchstraße 24

PLZ | Ort
26603 | Aurich

Geburtsdatum | Staatsangehörigkeit
22.05.19.. | deutsch

Gesetzliche/r Vertreter/in[1]
Eltern ☒ Vater ☐ Mutter ☐ Vormund ☐

Namen, Vornamen der gesetzlichen Vertreter
Rita u. Franz Kampen

Straße, Hausnummer
Kirchstr. 24

PLZ | Ort
26603 | Aurich

wird nachstehender Vertrag zur Ausbildung im Ausbildungsberuf Fachkraft für Lagerlogistik
mit der Fachrichtung/dem Schwerpunkt/dem Wahlbaustein etc.
nach Maßgabe der Ausbildungsordnung[2] geschlossen.

Vom/Von der Auszubildenden besuchte allgemeinbildende Schule
Zuletzt[3]
Abschluss[4] Realschulabschluss

Berufsvorbereitung, berufliche Grundbildung
☐ betriebliche Qualifizierungsmaßnahme ☐ schulisches Berufsgrundbildungsjahr (BGJ)[5]
☐ Berufsvorbereitungsmaßnahme (SGB III) ☐ schulisches Berufsvorbereitungsjahr (BVJ)[5]
☐ Berufsfachschule ohne voll qualifizierenden Berufsabschluss

Zuständige Berufsschule
BBSI, Emden

Berufsfeld

A Die Ausbildungszeit beträgt nach der Ausbildungsordnung 36 Monate.

Die vorausgegangene
☐ schulische Vorbildung
☐ abgeschlossene betriebliche Berufsausbildung als

☐ abgebrochene betriebliche Berufsausbildung als

☐ abgeschlossene Berufsausbildung in schulischer Form mit Abschluss als

wird mit ___ Monaten angerechnet bzw. es wird eine entsprechende Verkürzung beantragt.

Das Berufsausbildungsverhältnis beginnt am 01.08.20.. und endet am 31.07.20..

B Die Probezeit (§ 1 Nr. 2) beträgt 4 Monate.[6]

C Die Ausbildung findet vorbehaltlich der Regelungen nach D in
Aurich, Gewerbestr. 13
und den mit dem Betriebssitz für die Ausbildung üblicherweise zusammenhängenden Bau-, Montage- und sonstigen Arbeitsstellen statt (§ 3 Nr. 12).

D Ausbildungsmaßnahmen außerhalb der Ausbildungsstätte (§ 3 Nr. 12) (mit Zeitraumangabe):

E Der/Die Ausbildende zahlt dem/der Auszubildenden eine angemessene Vergütung (§ 5); diese beträgt zur Zeit monatlich brutto

€	690	784	875	
im	ersten	zweiten	dritten	vierten

Ausbildungsjahr.

Öffentliche Förderung der Ausbildung (monatlich, regelmäßig, >50 % der Kosten): nein ☒

Wenn ja[7]

F Die regelmäßige Ausbildungszeit in Stunden beträgt täglich[8] 8 und/oder wöchentlich 38,5

Teilzeitausbildung wird beantragt (§ 6 Nr. 2) ja ☐ nein ☒

G Der/die Ausbildende gewährt dem/der Auszubildenden Urlaub nach den geltenden Bestimmungen. Es besteht ein Urlaubsanspruch

Im Jahr	20..	20..	20..		
Werktage	36	36	36		
Arbeitstage					

H Hinweise auf anzuwendende Tarifverträge und Betriebsvereinbarungen; sonstige Vereinbarungen:
Tarifvertrag f. d. Groß- und Außenhandel, Niedersachsen

Die sachliche und zeitliche Gliederung
☐ ist beigefügt
☐ liegt der IHK mit Stand vom ___ vor.

1) Vertretungsberechtigt sind beide Eltern gemeinsam, sowie nicht die Vertretungsberechtigung nur einem Elternteil zusteht. Ist ein Vormund bestellt, so bedarf dieser zum Abschluss des Ausbildungsvertrages der Genehmigung des Vormundschaftsgerichtes.

2) Solange die Ausbildungsordnung nicht erlassen ist, sind gem. § 104 Abs. 1 BBiG die bisherigen Ordnungsmittel anzuwenden

3) besuchte Schule, bitte Schlüssel eintragen
00 unbekannt
05 Hauptschule
06 Polytechnische Oberschule
10 Sonderschule
20 Realschule
30 Gymnasium
31 Erweiterte Oberschule
35 Oberstufenzentrum
40 Gesamtschule
51 Berufsvorbereitungsjahr
52 Berufsgrundschuljahr
53 Berufsfachschule
54 Höhere Berufsfachschule
57 Fachoberschule
59 Sonstige berufliche Vollzeitschulen
80 Hochschule
81 Fachhochschule
90 Sonstige Schule

4) Abschluss, bitte Schlüssel eintragen
00 unbekannt
01 Hauptschulabschluss
02 Qualifizierter Hauptschulabschluss
03 Mittlerer Bildungsabschluss
04 Fachhochschulreife
05 Hochschulreife
06 Hochschulabschluss
07 im Ausland erworbener Abschluss, nicht zuzuordnen
08 Sonstiger Abschluss
09 Ohne Abschluss

5) Bitte Zeugniskopie beifügen.

6) Die Probezeit muss mindestens einen Monat und darf höchstens vier Monate betragen.

7) Öffentliche Förderung des Ausbildungsverhältnisses, bitte Schlüssel eintragen
01 Sonderprogramm des Bundes/Landes
02 außerbetriebliche Berufsausbildung nach § 241 (2) SGB III
03 außerbetriebliche Berufsausbdg. Reha nach § 100 Nr. 5 SGB III
04 nur für Brandenburg: betriebsnahe Förderung

8) Das Jugendarbeitsschutzgesetz sowie für das Ausbildungsverhältnis geltende tarifvertragliche Regelungen und Betriebsvereinbarungen sind zu beachten.

Bitte den Antrag auf der Rückseite unterschreiben!

§ 1 – Ausbildungszeit

1. **Dauer (siehe A *)**
2. **Probezeit (siehe B *)**
Die Probezeit muss mindestens einen Monat und darf höchstens vier Monate betragen (§ 20 S. BBiG). Wird die Ausbildung während der Probezeit um mehr als ein Drittel dieser Zeit unterbrochen, so verlängert sich die Probezeit um den Zeitraum der Unterbrechung.
3. **Vorzeitige Beendigung des Berufsausbildungsverhältnisses**
Besteht der/die Auszubildende vor Ablauf der unter Nr. 1 vereinbarten Ausbildungszeit die Abschlussprüfung, so endet das Berufsausbildungsverhältnis mit Bekanntgabe des Ergebnisses durch den Prüfungsausschuss (§ 21 Abs. 2 BBiG).
4. **Verlängerung des Berufsausbildungsverhältnisses**
Besteht der/die Auszubildende die Abschlussprüfung nicht, so verlängert sich das Berufsausbildungsverhältnis auf sein/ihr Verlangen bis zur nächstmöglichen Wiederholungsprüfung, höchstens um ein Jahr (§ 21 Abs. 3 BBiG). Bei Inanspruchnahme der Elternzeit verlängert sich die Ausbildungszeit um die Zeit der Elternzeit (§ 20 BEEG).

§ 2 – Ausbildungsstätte(n)
(siehe C *)

§ 3 – Pflichten des/der Ausbildenden

Der/Die Ausbildende verpflichtet sich,

1. **Ausbildungsziel**
dafür zu sorgen, dass dem/der Auszubildenden die Fertigkeiten, Kenntnisse und Fähigkeiten vermittelt werden, die zum Erreichen des Ausbildungszieles nach der Ausbildungsordnung erforderlich sind, und die Berufsausbildung nach den Angaben zur sachlichen und zeitlichen Gliederung des Ausbildungsablaufs so durchzuführen, dass das Ausbildungsziel in der vorgesehenen Ausbildungszeit erreicht werden kann;
2. **Ausbilder/in**
selbst auszubilden oder eine/n persönlich und fachlich geeignete/n Ausbilder/in ausdrücklich damit zu beauftragen und diese/n dem/der Auszubildenden schriftlich bekanntzugeben;
3. **Ausbildungsordnung**
dem/der Auszubildenden vor Beginn der Ausbildung die Ausbildungsordnung kostenlos auszuhändigen;
4. **Ausbildungsmittel**
dem/der Auszubildenden kostenlos die Ausbildungsmittel, insbesondere Werkzeuge, Werkstoffe und Fachliteratur zur Verfügung zu stellen, die für die Ausbildung in den betrieblichen und überbetrieblichen Ausbildungsstätten und zum Ablegen von Zwischen- und Abschlussprüfungen, auch soweit solche nach Beendigung des Berufsausbildungsverhältnisses und in zeitlichem Zusammenhang damit stattfinden, erforderlich sind;
5. **Besuch der Berufsschule und von Ausbildungsmaßnahmen außerhalb der Ausbildungsstätte**
den/die Auszubildende/n zum Besuch der Berufsschule anzuhalten und freizustellen. Das gleiche gilt, wenn Ausbildungsmaßnahmen außerhalb der Ausbildungsstätte vorgeschrieben oder nach Nr. 12 durchzuführen sind;
6. **Führen eines schriftlichen Ausbildungsnachweises**
dem/der Auszubildenden vor Ausbildungsbeginn und später die schriftlichen Ausbildungsnachweise für die Berufsausbildung kostenfrei auszuhändigen (Muster auf www.dihk.de erhältlich) sowie die ordnungsgemäße Führung durch regelmäßiges Abzeichnen zu überwachen, soweit schriftliche Ausbildungsnachweise im Rahmen der Berufsausbildung verlangt werden;
7. **Ausbildungsbezogene Tätigkeiten**
dem/der Auszubildenden nur Aufgaben zu übertragen, die dem Ausbildungszweck dienen und seinen/ihren körperlichen Kräften angemessen sind;
8. **Sorgepflicht**
dafür zu sorgen, dass der/die Auszubildende charakterlich gefördert sowie sittlich und körperlich nicht gefährdet wird;
9. **Ärztliche Untersuchungen**
von dem/der jugendlichen Auszubildenden sich Bescheinigungen gemäß §§ 32, 33 Jugendarbeitsschutzgesetz darüber vorlegen zu lassen, dass diese/r
a) vor der Aufnahme der Ausbildung untersucht und
b) vor Ablauf des ersten Ausbildungsjahres nachuntersucht worden ist;
10. **Eintragungsantrag**
unverzüglich nach Abschluss des Berufsausbildungsvertrages die Eintragung in das Verzeichnis der Berufsausbildungsverhältnisse bei der IHK zu beantragen. Eine Ausfertigung der Vertragsniederschrift ist beizufügen. Bei Auszubildenden unter 18 Jahren ist ferner eine Kopie oder Mehrfertigung der ärztlichen Bescheinigung über die Erstuntersuchung gemäß § 32 Jugendarbeitsschutzgesetz beizufügen. Entsprechendes gilt bei späteren Änderungen des wesentlichen Vertragsinhaltes;
11. **Anmeldung zu Prüfungen**
den/die Auszubildende/n rechtzeitig zu den Zwischen- und Abschlussprüfungen anzumelden und für die Teilnahme freizustellen sowie der Anmeldung zur Zwischenprüfung bei Auszubildenden unter 18 Jahren eine Kopie oder Mehrfertigung der ärztlichen Bescheinigung über die erste Nachuntersuchung gemäß § 33 Jugendarbeitsschutzgesetz beizufügen;
12. **Ausbildungsmaßnahmen außerhalb der Ausbildungsstätte** (siehe D *)

§ 4 – Pflichten des/der Auszubildenden

Der/Die Auszubildende muss sich bemühen, die Fertigkeiten, Kenntnisse und Fähigkeiten zu erwerben, die erforderlich sind, um das Ausbildungsziel zu erreichen. Er/Sie verpflichtet sich insbesondere

1. **Lernpflicht**
die ihm/ihr im Rahmen seiner/ihrer Berufsausbildung übertragenen Aufgaben sorgfältig auszuführen;
2. **Berufsschulunterricht, Prüfungen und sonstige Maßnahmen**
am Berufsschulunterricht und an Prüfungen sowie an Ausbildungsmaßnahmen außerhalb der Ausbildungsstätte teilzunehmen, für die er/sie nach § 3 Nr. 5, 11 und 12 freigestellt wird; sein/ihr Berufsschulzeugnis unverzüglich dem/der Ausbildenden zur Kenntnisnahme vorzulegen und ist damit einverstanden, dass sich Berufsschule, IHK und Ausbildungsbetrieb über seine/ihre Leistungen unterrichten;
3. **Weisungsgebundenheit**
den Weisungen zu folgen, die ihm/ihr im Rahmen der Berufsausbildung vom/von der Ausbildenden, vom Ausbilder/von der Ausbilderin oder von anderen weisungsberechtigten Personen, soweit sie als weisungsberechtigt bekannt gemacht worden sind, erteilt werden;
4. **Betriebliche Ordnung**
die für die Ausbildungsstätte geltende Ordnung zu beachten;
5. **Sorgfaltspflicht**
Werkzeug, Maschinen und sonstige Einrichtungen pfleglich zu behandeln und sie nur zu den ihm/ihr übertragenen Arbeiten zu verwenden;
6. **Betriebsgeheimnisse**
über Betriebs- und Geschäftsgeheimnisse Stillschweigen zu wahren;
7. **Führen eines schriftlichen Ausbildungsnachweises**
einen vorgeschriebenen schriftlichen Ausbildungsnachweis ordnungsgemäß zu führen und regelmäßig dem/der Ausbilder/in sowie der Berufsschule vorzulegen;
8. **Benachrichtigung bei Fernbleiben**
bei Fernbleiben von der betrieblichen Ausbildung, vom Berufsschulunterricht oder von sonstigen Ausbildungsveranstaltungen dem/der Ausbildenden unter Angabe von Gründen unverzüglich Nachricht zu geben und ihm/ihr Arbeitsunfähigkeit und deren voraussichtliche Dauer unverzüglich mitzuteilen. Dauert die Arbeitsunfähigkeit länger als 3 Kalendertage, muss der/die Auszubildende eine ärztliche Bescheinigung über die bestehende Arbeitsunfähigkeit sowie deren voraussichtliche Dauer spätestens an dem darauffolgenden Arbeitstag vorzulegen. Der/Die Ausbildende ist berechtigt, die Vorlage der ärztlichen Bescheinigung früher zu verlangen;
9. **Ärztliche Untersuchungen**
soweit auf ihn/sie die Bestimmungen des Jugendarbeitsschutzgesetzes Anwendung finden, sich gemäß §§ 32 und 33 dieses Gesetzes ärztlich
a) vor Beginn der Ausbildung untersuchen zu lassen,
b) vor Ablauf des ersten Ausbildungsjahres nachuntersuchen zu lassen und die Bescheinigungen hierüber dem/der Ausbildenden vorzulegen.
10. **Benachrichtigung nach Ende der Abschlussprüfung**
unverzüglich nach dem Ende der Abschlussprüfung den/die Ausbildende/n über das Ergebnis zu informieren und die „vorläufige Bescheinigung über das Prüfungsergebnis" der IHK bzw. das IHK-Abschlusszeugnis vorzulegen.

§ 5 – Vergütung und sonstige Leistungen

1. **Höhe und Fälligkeit** (siehe E *)
Eine über die vereinbarte regelmäßige Ausbildungszeit hinausgehende Beschäftigung wird besonders vergütet oder wird durch entsprechende Freizeit ausgeglichen.
Die Vergütung wird spätestens am letzten Arbeitstag des Monats gezahlt.
Die Beiträge für die Sozialversicherung tragen die Vertragsschließenden nach Maßgabe der gesetzlichen Bestimmungen.
2. **Sachleistungen**
Soweit der/die Ausbildende dem/der Auszubildenden Kost und/oder Wohnung gewährt, gilt als Anlage beigefügte Regelung (ggf. Anlage beifügen).
3. **Kosten für Maßnahmen außerhalb der Ausbildungsstätte**
Der/Die Ausbildende trägt die Kosten für Maßnahmen außerhalb der Ausbildungsstätte gemäß § 3 Nr. 5, soweit sie nicht anderweitig gedeckt sind. Ist eine auswärtige Unterbringung erforderlich, so können dem/der Auszubildenden anteilige Kosten für Verpflegung in dem Umfang in Rechnung gestellt werden, in dem diese/r Kosten einspart. Die Anrechnung von anteiligen Kosten und Sachbezugswerten nach § 17 Abs. 2 BBiG darf 75 % der vereinbarten monatlichen Bruttovergütung nicht übersteigen.
4. **Berufskleidung**
Wird vom/von der Ausbildenden eine besondere Berufskleidung vorgeschrieben, so wird sie von ihm/ihr zur Verfügung gestellt.
5. **Fortzahlung der Vergütung**
Dem/Der Auszubildenden wird die Vergütung auch gezahlt
a) für die Zeit der Freistellung gem. § 3 Nr. 5 und 11 dieses Vertrages sowie gem. § 10 Abs. 1 Nr. 2 und § 43 Jugendarbeitschutzgesetz,
b) bis zur Dauer von 6 Wochen, wenn er/sie
aa) sich für die Berufsausbildung bereithält, diese aber ausfällt,
bb) aus einem sonstigen in seiner/ihrer Person liegenden Grund unverschuldet verhindert ist, seine/ihre Pflichten aus dem Berufsausbildungsverhältnis zu erfüllen.
6. **Entgeltfortzahlung im Krankheitsfall**
Bei unverschuldeter Arbeitsunfähigkeit infolge Krankheit wird dem/der Auszubildenden die Vergütung gemäß den Vorschriften des Entgeltfortzahlungsgesetzes gezahlt.

§ 6 – Ausbildungszeit und Urlaub

1. **Tägliche, wöchentliche Ausbildungszeit** (siehe F *)
2. **Teilzeitausbildung** (siehe F *)
3. **Urlaub** (siehe G *)
4. **Lage des Urlaubs**
Der Urlaub soll zusammenhängend und in der Zeit der Berufsschulferien erteilt und genommen werden. Während des Urlaubs darf der/die Auszubildende keine dem Urlaubszweck widersprechende Erwerbstätigkeit leisten.

§ 7 – Kündigung

1. **Kündigung während der Probezeit**
Während der Probezeit kann das Berufsausbildungsverhältnis ohne Einhaltung einer Kündigungsfrist und ohne Angabe von Gründen gekündigt werden.
2. **Kündigungsgründe**
Nach der Probezeit kann das Berufsausbildungsverhältnis nur gekündigt werden
a) aus einem wichtigen Grund ohne Einhalten einer Kündigungsfrist,
b) von dem/der Auszubildenden mit einer Kündigungsfrist von 4 Wochen, wenn er/sie die Berufsausbildung aufgeben oder sich für eine andere Berufstätigkeit ausbilden lassen will.
3. **Form der Kündigung**
Die Kündigung muss schriftlich, im Falle der Nr. 2 unter Angabe der Kündigungsgründe erfolgen.
4. **Unwirksamkeit einer Kündigung**
Eine Kündigung aus einem wichtigen Grund ist unwirksam, wenn die ihr zugrunde liegenden Tatsachen dem/der zur Kündigung Berechtigten länger als 2 Wochen bekannt sind. Ist ein Schlichtungsverfahren gem. § 9 eingeleitet, so wird bis zu dessen Beendigung der Lauf dieser Frist gehemmt.
5. **Schadenersatz bei vorzeitiger Beendigung**
Wird das Berufsausbildungsverhältnis nach Ablauf der Probezeit vorzeitig gelöst, so kann der/die Ausbildende oder der/die Auszubildende Ersatz des Schadens verlangen, wenn der/die andere den Grund für die Auflösung zu vertreten hat. Das gilt nicht bei Kündigung wegen Aufgabe oder Wechsels der Berufsausbildung (Nr. 2 b). Der Anspruch erlischt, wenn er nicht innerhalb von 3 Monaten nach Beendigung des Berufsausbildungsverhältnisses geltend gemacht wird.
6. **Aufgabe des Betriebes, Wegfall der Ausbildungseignung**
Bei Kündigung des Berufsausbildungsverhältnisses wegen Betriebsaufgabe oder wegen Wegfalls der Ausbildungseignung verpflichtet sich der/die Ausbildende, sich mit Hilfe der Berufsberatung der zuständigen Arbeitsagentur rechtzeitig um eine weitere Ausbildung im bisherigen Ausbildungsberuf in einer anderen geeigneten Ausbildungsstätte zu bemühen.

§ 8 – Zeugnis

Der/Die Ausbildende stellt dem/der Auszubildenden bei Beendigung des Berufsausbildungsverhältnisses ein Zeugnis aus (§ 16 BBiG). Hat der/die Ausbildende die Berufsausbildung nicht selbst durchgeführt, so soll auch der/die Ausbilder/in das Zeugnis unterschreiben. Es muss Angaben enthalten über Art, Dauer und Zeit der Berufsausbildung sowie über die erworbenen Fertigkeiten, Kenntnisse und Fähigkeiten des/der Auszubildenden, auf Verlangen des/der Auszubildenden auch Angaben über Verhalten und Leistung.

§ 9 – Beilegung von Streitigkeiten

Bei Streitigkeiten aus dem bestehenden Berufsausbildungsverhältnis ist vor Inanspruchnahme des Arbeitsgerichts der nach § 111 Abs. 2 des Arbeitsgerichtsgesetzes errichtete Schlichtungsausschuss anzurufen, sofern ein solcher bei der IHK besteht.

§ 10 – Erfüllungsort

Erfüllungsort für alle Ansprüche aus diesem Vertrag ist der Ort der Ausbildungsstätte.

§ 11 – Sonstige Vereinbarungen (siehe H *)

Rechtswirksame Nebenabreden, die das Berufsausbildungsverhältnis betreffen, können nur durch schriftliche Ergänzung dieses Berufsausbildungsvertrages getroffen werden.

*) Die Buchstaben verweisen auf den entsprechenden Text der ersten Seite des Ausbildungsvertrags.

1. Im Berufsausbildungsvertrag steht ganz oben die Überschrift „Antrag auf Eintragung“. Was ist damit gemeint?

2. Wie lautet die Bezeichnung der Vertragspartner des Berufsausbildungsvertrages nach dem Berufsbildungsgesetz (BBIG)? Wer muss im Fall von Maximilian Kampen den Vertrag unterschreiben?

3. Als Ausbildungsdauer wurden im Vertrag 36 Monate eingetragen. Hat Max die Möglichkeit, die Ausbildung vorzeitig zu beenden? (Welche Bedingungen müssen dafür ggf. erfüllt sein?)

4. Die Ausbildung endet gemäß Vertrag am 31.07.20.. . Erklären Sie, ob Max bis zu diesem Termin im Betrieb bleiben muss, wenn er die praktische Abschlussprüfung am 9. Juli 20.. besteht.

5. Der Urlaubsanspruch lässt sich aus dem Punkt G des Vertrages entnehmen. Welche Regelungen muss der Betrieb bei der Festlegung des Urlaubsanspruchs berücksichtigen?

6. Erläutern Sie, welche Regelungen für Max im Hinblick auf die ärztliche Untersuchung bestehen und welchen Zweck diese Untersuchung hat.

Beurteilen Sie folgende Fälle:

1. Lukas hat bereits die Hälfte seiner Ausbildungszeit als Fachlagerist hinter sich. Bisher machte er nur Waren versandfertig. Als er seinen Lagermeister fragt, wann er denn in die Warenannahme käme und wann er lerne, Waren zu kommissionieren, sagt dieser: „In der Warenannahme und beim Kommissionieren sind genügend Mitarbeiter eingesetzt und denen willst du doch wohl nicht die Arbeit wegnehmen."

2. Jana lernt im 1. Ausbildungsjahr als Fachkraft für Lagerlogistik. Sie soll 30 Minuten vor Feierabend die Halle fegen. Mit Murren macht sie sich an die Arbeit. Als sie am nächsten Tag von einem Kollegen zum nahe gelegenen Kiosk geschickt wird, um die „Bild"-Zeitung zu holen, rastet sie aus und sagt zu dem Kollegen: „Deine Zeitung kannst du dir selber holen und fegen werde ich abends auch nicht mehr!"

3. Marcos Freundin ist Friseurin und hat montags ihren freien Tag. Marco ist Auszubildender und hat am Montag seinen Berufsschultag. Jetzt hat er schon drei Montage hintereinander blaugemacht, damit sie den Tag zusammen verbringen können.

4. Im Ausbildungsbetrieb von Pascal herrscht im Sommer Hochbetrieb. Deshalb konnte er in den Sommerferien seinen Jahresurlaub nicht nehmen. Er plant, im September drei Wochen nach Spanien zu fahren. Gibt es für Pascal eine Möglichkeit, während der Berufsschulzeit seinen Jahresurlaub zu nehmen?

5. Lena ist Auszubildende in einem Sanitärgroßhandel. Beim Fußballspielen hat sie sich einen komplizierten Beinbruch zugezogen und wird voraussichtlich noch längere Zeit krank sein. Ihre Chefin, Frau F., verweigert ihr daraufhin die Ausbildungsvergütung, weil sie auf dem Standpunkt steht, Lena habe diese Verletzung selbst verschuldet, sie habe ja nicht Fußball spielen müssen.

6. Stefan wird nach 5-wöchiger Ausbildung als Fachlagerist ohne Angabe von Gründen schriftlich gekündigt. Er geht zur Gewerkschaft, um sich zu informieren. Welche Information wird er dort bekommen?

7. Mario stellt nach zehn Monaten Ausbildungszeit als Fachkraft für Lagerlogistik fest, dass ihm der Beruf doch nicht gefällt. Er möchte die Ausbildung möglichst sofort abbrechen. Ist dies möglich? Wenn ja, unter welchen Bedingungen?

8. Der Auszubildende Kai wird in einer Kfz-Werkstatt seit 1,5 Jahren als Fachlagerist ausgebildet. Als er vor Kurzem zwei Tage krank war, benachrichtigte er seinen Betrieb nicht. Daraufhin ermahnte ihn sein Chef und drohte mit einer fristlosen Kündigung, wenn dies noch einmal vorkomme. Kai fühlt sich zu unrecht beschuldigt. Er ist der Meinung, dass erst am dritten Krankheitstag ein ärztliches Attest vorgelegt werden müsse.

9. Der 19-jährige Julian befindet sich im 3. Ausbildungsjahr als Fachkraft für Lagerlogistik in einem Großhandelsbetrieb. Er war gerade dabei, sich einen für Kunden bestimmten Kugelschreiber und einen Schlüsselanhänger mit Werbeaufdruck in die Tasche zu stecken, als die Tür aufgeht und seine Chefin hereinkommt. Diese ist derart verärgert, dass sie ihn auffordert, sofort seine Sachen zu packen und den Betrieb zu verlassen Er könne sich als fristlos gekündigt betrachten.

10. Die 18-jährige Sina hat nach einer einjährigen Berufsausbildung ihre Ausbildung aufgegeben, weil sie den Mann ihres Lebens geheiratet hat und sich nun auf ihre zukünftige Rolle als Hausfrau und Mutter vorbereiten möchte. Sie ist gerade zwei Monate vom Betrieb weg, als sie ein Schreiben erhält, in dem ihr damaliger Chef Schadenersatz verlangt, weil sie die vorzeitige Auflösung des Berufsausbildungsverhältnisses zu vertreten habe. Ihm sei es erst nach zwei Monaten gelungen, einen Ersatz für sie zu finden.

11. Onno hat seine Ausbildung als Fachlagerist erfolgreich abgeschlossen und will sich bei einem anderen Betrieb bewerben. Er ist der Meinung, in dem alten Betrieb würde er doch immer nur der Lehrling bleiben. Sein Chef schreibt ihm u. a. in das Zeugnis: „Herr S. hat sich stets bemüht, die ihm übertragenen Arbeiten zu meiner vollsten Zufriedenheit zu erledigen." Onno ist mit dieser Formulierung nicht zufrieden. Sein Chef versteht das nicht.

Bitte ankreuzen:

1. Welcher Tatbestand verstößt gegen das Berufsbildungsgesetz?

a) Die Probezeit wird auf zwei Monate festgelegt. ☐
b) Der Ausbildende bildet nicht selbst aus, sondern benennt einen Ausbilder. ☐
c) Eine Auszubildende erhält nach Abschluss ihres Ausbildungsverhältnisses ein qualifiziertes Zeugnis mit relativ schlechter Bewertung, obwohl sie nur ein einfaches Zeugnis haben wollte. ☐

d) Der Zeitpunkt der Zahlung der Ausbildungsvergütung wird auf den 15. des Monats festgelegt. ☐

e) Einer Auszubildenden, die einen erheblichen Betrag unterschlagen hatte, wird nicht fristlos gekündigt. ☐

2. Welche Aussagen zum Berufsausbildungsvertrag sind falsch?

a) Das Berufsausbildungsverhältnis kann nach der Probezeit in gegenseitigem Einvernehmen gelöst werden. ☐

b) Die Auszubildende hat Anweisungen zu befolgen, die ihr von weisungsberechtigten Personen im Rahmen ihrer Ausbildung erteilt werden. ☐

c) Kündigungen während der Probezeit brauchen nicht schriftlich zu erfolgen, da kein Grund angegeben werden muss. ☐

d) Der Anspruch auf Schadenersatz wegen vorzeitiger Beendigung des Berufsausbildungsverhältnisses kann nur bis zu drei Monaten nach Ausbildungsende geltend gemacht werden. ☐

e) Ein Ausbildungsvertrag kann vom Auszubildenden nach der Probezeit ohne Einhalten einer Kündigungsfrist aus wichtigem Grund schriftlich gekündigt werden. ☐

3. Welche Angabe im Berufsausbildungsvertrag ist nicht gesetzlich vorgeschrieben?

a) der Beruf, in dem der Auszubildende ausgebildet wird ☐

b) der Beginn und die Dauer der Ausbildung ☐

c) die tägliche Ausbildungszeit ☐

d) die Dauer der Probezeit ☐

e) der Anspruch auf Urlaubsgeld ☐

4. Welche der folgenden Angaben muss die Niederschrift eines Berufsausbildungsvertrages unbedingt enthalten?

a) die Höhe der Ausbildungsvergütung ☐

b) Art und Umfang des Berufsschulunterrichts ☐

c) die Bezeichnung des maßgeblichen Manteltarifvertrages ☐

d) die Bedingungen für die Weiterbeschäftigung nach Beendigung der Ausbildungszeit ☐

e) den Namen des Ausbilders ☐

5. Welche Pflicht hat ein Auszubildender nach dem Berufsbildungsgesetz nicht?

a) pflegliche Behandlung von Einrichtungsgegenständen ☐

b) Stillschweigen über Betriebs- und Geschäftsgeheimnisse ☐

c) Bestehen der Abschlussprüfung ☐

d) Beachtung der betrieblichen Ordnung ☐

e) Besuch der Berufsschule, wenn er dafür freigestellt wurde ☐

6. Welche Pflicht hat ein Ausbildender nach dem Berufsbildungsgesetz nicht?

a) kostenlose Überlassung von Ausbildungsmitteln ☐

b) Freistellung für den Berufsschulbesuch ☐

c) Erstellung eines Zeugnisses nach Beendigung der Ausbildung ☐

d) Zahlung der Ausbildungsvergütung ☐

e) Übertragung ausbildungsfremder Tätigkeiten ☐

Arbeitsblatt 3: Der Einzelarbeitsvertrag (Individualvertrag)

Arbeitsvertrag

Zwischen der Firma

S & H GmbH, Sanitär- und Heizungstechnik
Gewerbestraße 13, 26603 Aurich
(im Folgenden Arbeitgeber genannt)

und Herrn Bernhard Wilken, wohnhaft in 26632 Ochtelburg, Landstraße 47,
geb. am 15.09.1986 (im Folgenden Arbeitnehmer genannt)

wird folgender unbefristeter Arbeitsvertrag geschlossen:

1. **Tätigkeit:**
   Der Arbeitnehmer wird vom 1. August 20.. als Kommissionierer am Firmensitz in Aurich eingestellt.

2. **Arbeitszeit:**
   Die regelmäßige Arbeitszeit beträgt gemäß geltendem Tarifvertrag wöchentlich 38,5 Stunden ohne Berücksichtigung der Pausen. Überstunden werden mit einem Zuschlag von 25 % vergütet.

3. **Probezeit:**
   Die ersten drei Monate gelten als Probezeit.

4. **Pflichten des Arbeitnehmers:**
   a) Der Arbeitnehmer verpflichtet sich, ihm übertragene Arbeitsaufgaben sorgfältig auszuführen.
   b) Nebenbeschäftigungen darf der Arbeitnehmer nur mit ausdrücklicher Genehmigung des Arbeitgebers ausüben.
   c) Der Arbeitnehmer ist zur Verschwiegenheit über betriebliche Angelegenheiten verpflichtet.
   d) Die jeweils geltenden betrieblichen Bestimmungen sind Bestandteil des Arbeitsvertrages und werden vom Arbeitnehmer anerkannt.

5. **Vergütung:**
   a) Die Vergütung richtet sich nach dem geltenden Tarifvertrag, Tarifgruppe 4K.
   Die monatliche Bruttovergütung beträgt zurzeit 1 907,00 EUR.

6. **Sonderzahlungen:**
   a) Das Weihnachtsgeld beträgt zurzeit 440 EUR.

7. **Urlaub**
   Der Urlaub beträgt lt. Tarifvertrag 36 Werktage, das Urlaubsgeld beträgt zurzeit 360 EUR.

8. **Arbeitsverhinderung**
   Im Falle einer Erkrankung hat der Arbeitnehmer dies unverzüglich anzuzeigen und spätestens am 3. Krankheitstag eine ärztliche Bescheinigung nachzureichen.

9. **Beendigung des Arbeitsverhältnisses**
   Für die Kündigung des Arbeitsverhältnisses gelten die gesetzlichen Kündigungsfristen.

S & H, GmbH, Aurich

Aurich, 1. August 20..	*i. A. Max Kruse*	*Bernhard Wilken*
Ort, Datum	Unterschrift Arbeitgeber	Unterschrift Arbeitnehmer

1. Überprüfen Sie, ob der vorliegende Arbeitsvertrag alle Vereinbarungen enthält, die nach dem sog. Nachweisgesetz schriftlich geregelt werden müssen. (Notieren Sie eventuell fehlende Punkte.)

2. Welche Bedeutung hat die vereinbarte Probezeit von drei Monaten im Hinblick auf mögliche Kündigungen?

3. Welche zwei Aussagen zur Mitwirkung des Betriebsrates (BR) bei **Einstellungen** sind richtig?

a) Der BR hat jeder Einstellung zuzustimmen. ☐
b) Der BR ist vor jeder Einstellung lediglich anzuhören. ☐
c) Der BR nimmt alle Einstellungen vor. ☐
d) Der BR hat ein Zustimmungsverweigerungsrecht. ☐
e) Dem BR sind die Bewerbungsunterlagen aller Bewerber vorzulegen. ☐
f) Der BR hat bei Einstellungen keine Mitwirkungsmöglichkeit. ☐

4. Hätte die S & H GmbH auch einen befristeten Arbeitsvertrag mit Bernhard Wilken abschließen können? Erläutern Sie, unter welchen Umständen befristete Arbeitsverträge üblich und/oder rechtlich zulässig sind.

5. Häufig ist von der Treuepflicht eines Arbeitnehmers gegenüber seinem Betrieb die Rede. Erklären Sie, was darunter verstanden wird.

6. Wodurch wird ein Arbeitsverhältnis nicht (automatisch) beendet?

a) Zeitablauf bei befristeten Arbeitsverhältnissen
b) Tod des Arbeitgebers
c) Tod des Arbeitnehmers
d) fristgerechte Kündigung durch einen Vertragspartner
e) Aufhebungsvertrag

7. Welche zwei Aussagen zu den Rechten des Betriebsrates bei **Kündigungen** treffen zu?

a) Der BR hat keine Einflussmöglichkeit bei Kündigungen.
b) Der Arbeitgeber kann ohne Zustimmung des BR nicht kündigen.
c) Der BR kann einer Kündigung widersprechen, wenn er sie für sozial ungerechtfertigt hält.
d) Der BR ist vor jeder Kündigung anzuhören.
e) Der BR muss gegen eine Kündigung klagen, wenn er feststellen lassen will, dass das Arbeitsverhältnis durch die Kündigung nicht beendet wurde.

8. Ein 30-jähriger Angestellter, der seit acht Jahren im Betrieb beschäftigt ist, erhält am 10. Januar ein tolles Angebot eines anderen Betriebes. Wann könnte er diese neue Stelle frühestens antreten? (Datum!)

9. Welche Aussage zum Arbeitgeberzeugnis ist nicht richtig?

a) Das Zeugnis soll wahr sein.
b) Der Arbeitnehmer hat nur einen Anspruch auf ein einfaches Zeugnis.
c) Das Zeugnis soll wohlwollend formuliert sein und den weiteren beruflichen Weg des Arbeitnehmers nicht unnötig erschweren.
d) Auf Wunsch des Arbeitnehmers muss der Arbeitgeber ein qualifiziertes Zeugnis ausstellen.
e) Der Arbeitnehmer hat das Recht, vor Gericht klären zu lassen, ob er bestimmte Formulierungen im Zeugnis hinnehmen muss.

10. Welche Kündigung ist nach dem Kündigungsschutzgesetz sozial gerechtfertigt?

a) Einem Arbeitnehmer wird nach Auflösung seiner Abteilung gekündigt. Er hätte in einer anderen Abteilung nach kurzer Einarbeitung weiter beschäftigt werden können.
b) Einem verheirateten Arbeitnehmer mit zwei Kindern wird wegen Auftragsmangels gekündigt, ein gleich qualifizierter lediger Kollege behält seinen Arbeitsvertrag.
c) Einem Arbeitnehmer wird gekündigt, obwohl er zuvor mit einer Herabstufung seines Gehaltes (Änderungskündigung) einverstanden gewesen war.
d) Einem Arbeitnehmer wird gekündigt, weil er bedingt durch eine chronische Erkrankung immer wieder längere Zeit krank geschrieben worden ist.
e) Einem Arbeitnehmer wird gekündigt, obwohl dies gegen die Richtlinien verstößt, die der Arbeitgeber mit dem Betriebsrat für Kündigungen vereinbart hatte.

11. Der 40-jährigen, ledigen Vera Möller wird gekündigt, weil ein wichtiger Kunde ihres Unternehmens verloren ging und nun nicht mehr genügend Arbeit für alle Mitarbeiter vorhanden ist. Frau Möller ist seit zwölf Jahren in dem Betrieb und mit der Kündigung nicht einverstanden. Sie versteht nicht, warum ihr und nicht ihrem zwei Jahre jüngeren, ebenfalls ledigen Kollegen Kevin gekündigt wurde. Sie wendet sich an den Betriebsrat.

Wie ist in diesem Fall die Rechtslage? Hat Frau Möller eine Möglichkeit, ihren Arbeitsplatz zu behalten?

Arbeitsblatt 4: Arbeitsschutzgesetze

1. Patrick, 17 Jahre, ist bei der Spedo-Logistik AG als Auszubildender zur Fachkraft für Lagerlogistik im 2. Ausbildungsjahr beschäftigt. Er trifft sich regelmäßig wöchentlich in der großen Pause mit seinem Freund Sven Schulz, der bei der BHL-Logistik GmbH im 3. Ausbildungsjahr beschäftigt ist. Patrick schildert seinem Freund verschiedene Vorkommnisse, die in seinem Ausbildungsbetrieb vorgefallen sind. Patrick ist sich nicht sicher, ob sein Vorgesetzter, Herr Schnell, immer recht hat. Daher bittet er Sven, ob er ihm bei der Klärung dieser rechtlichen Fragen behilflich sein kann.
Entscheiden Sie in den folgenden Fällen unter Angabe des entsprechenden Paragrafen, ob ein Verstoß gegen das Jugendarbeitsschutzgesetz (JArbSchG) vorliegt, und begründen Sie Ihre Entscheidung.

Vorkommnis im Ausbildungsbetrieb	Ja	Nein	Begründung
Patricks Ausbilder behauptet, dass die Bestimmungen des JarbSchG für ihn keine Bedeutung haben, da er bereits 17 Jahre alt sei.			
Patrick arbeitet täglich von 07:00 Uhr bis 16:00 Uhr. Er darf von 12:00 bis 12:45 Uhr Mittagspause machen.			
Weil mehrere Angestellte erkrankt sind, darf Patrick auf Anweisung der Betriebsleitung bis auf Weiteres die Berufsschule nicht besuchen.			
Wegen der guten Auftragslage muss Patrick neuerdings neun Stunden täglich arbeiten.			

Vorkommnis im Ausbildungsbetrieb	Ja	Nein	Begründung
Bei der Inventur, die zwei Tage dauerte, musste Patrick bis 23:00 Uhr arbeiten.			
Auf Wunsch erhielt Patrick den Arbeitstag vor der Zwischenprüfung frei. Sein Chef hat ihm dafür einen Urlaubstag abgezogen.			
Kürzlich fiel der Berufsschulunterricht nach der 5. Stunde aus. Patrick ging nach Hause, weil er der Ansicht war, nicht für den Unterrichtsausfall verantwortlich zu sein. Am darauffolgenden Tag erhielt Patrick von seinem Vorgesetzten eine Standpauke mit dem Hinweis, zukünftig in diesen Fällen im Betrieb zu erscheinen.			

2. Als Mitarbeiter der BHL-Logistik GmbH wirken Sie u. a. an der Erstellung der wöchentlichen Dienstpläne für die Auszubildenden Chris (17 Jahre), Stefanie (16 Jahre), Sven (18 Jahre) und Patrick (17 Jahre) mit. Unter Berücksichtigung des Jugendarbeitsschutzgesetzes teilen Sie alle Auszubildenden ordnungsgemäß für den Montag aufgrund der jährlich durchzuführenden Inventur zum Dienst bis 20:00 Uhr ein. Prüfen und begründen Sie, welche Diensteinteilung für den folgenden Werktag korrekt ist.

a) Sie teilen Stefanie, Chris und Patrick für 07:00 Uhr ein, da für sie eine ununterbrochene Freizeit von 11 Stunden vorgeschrieben ist. ☐
b) Sie teilen Stefanie, Chris und Patrick für 06:00 Uhr ein, da für sie eine ununterbrochene Freizeit von 10 Stunden vorgeschrieben ist. ☐
c) Alle vier Auszubildenden erhalten am Dienstag einen Tag frei, da dies vorgeschrieben ist, wenn Auszubildende am Tag zuvor bis 20:00 Uhr beschäftigt werden. ☐
d) Sie teilen Stefanie, Chris und Patrick erst für 08:00 Uhr ein, da für sie eine ununterbrochene Freizeit von 12 Stunden gesetzlich vorgeschrieben ist. ☐
e) Sie teilen Sven für 09:00 Uhr, die Auszubildenden Chris und Patrick für 08:00 Uhr und Stefanie für 07:00 Uhr ein. ☐

3. Michael Probst, 20 Jahre, Auszubildender zur Fachkraft für Lagerlogistik der BHL-Logistik GmbH, möchte für die Vorbereitung und Teilnahme an der Abschlussprüfung entsprechend der abgebildeten Gesetzesauszüge freigestellt werden. Aufgrund des im Ausbildungsvertrag festgelegten Ausbildungsendes legt Herr Probst am 20. und 21.11.20.. (Dienstag und Mittwoch) den schriftlichen Teil der Abschlussprüfung ab.
Geben Sie den Zeitraum an, für den die BHL-Logistik GmbH Herrn Probst nach dem Gesetz freistellen muss, wenn von Montag bis Freitag gearbeitet wird.

a) am 20. und 21.11. ganztägig ☐
b) am 20. und 21.11. für die Teilnahme an der Prüfung ☐
c) vom 19. bis 21.11. ganztägig ☐
d) am 19.11. ganztägig, am 20. und 21.11. für die Teilnahme an der Prüfung ☐
e) vom 16. bis 21.11. ganztägig ☐

Auszug aus dem Berufsbildungsgesetz
§ 15 Freistellung Ausbildende haben Auszubildende für die Teilnahme am Berufsschulunterricht und an Prüfungen freizustellen. Das Gleiche gilt, wenn Ausbildungsmaßnahmen außerhalb der Ausbildungsstätte durchzuführen sind.

Auszug aus dem Jugendarbeitsschutzgesetz
§ 10 Prüfungen und außerbetriebliche Ausbildungsmaßnahmen

(1) Der Arbeitgeber hat den Jugendlichen

1. für die Teilnahme an Prüfungen und Ausbildungsmaßnahmen, die auf Grund öffentlich-rechtlicher oder vertraglicher Bestimmungen außerhalb der Ausbildungsstätte durchzuführen sind,
2. an dem Arbeitstag, der der schriftlichen Abschlussprüfung unmittelbar vorangeht, freizustellen.

(2) Auf die Arbeitszeit werden angerechnet

1. die Freistellung nach Absatz 1 Nr. 1 mit der Zeit der Teilnahme einschließlich der Pausen,
2. die Freistellung nach Absatz 1 Nr. 2 mit acht Stunden. Ein Entgeltausfall darf nicht eintreten.

Auszug aus dem Kalender November 20..

KW	Mo	Di	Mi	Do	Fr	Sa	So
44				1	2	3	4
45	5	6	7	8	9	10	11
46	12	13	14	15	16	17	18
47	19	20	21	22	23	24	25
48	26	27	28	29	30		

4. Stefanie Klein, seit vier Jahren bei der BHL-Logisitik GmbH als Disponentin beschäftigt, teilt ihrem Arbeitgeber mit, dass sie schwanger ist. Aus dem Attest, das sie der Personalabteilung vorlegt, geht der 18. April als voraussichtlicher Entbindungstermin hervor.

   a) Ermitteln Sie für Frau Klein den ersten Tag der Schutzfrist vor der Entbindung laut Mutterschutzgesetz (TT.MM.). Nehmen Sie dabei den abgebildeten Kalenderauszug zu Hilfe und beachten Sie, dass der Tag der Entbindung nicht zur Schutzfrist zählt.

Januar

KW	MO	DI	MI	DO	FR	SA	SO
52							1
1	2	3	4	5	6	7	8
2	9	10	11	12	13	14	15
3	16	17	18	19	20	21	22
4	23	24	25	26	27	28	29
5	30	31					

Februar

KW	MO	DI	MI	DO	FR	SA	SO
5			1	2	3	4	5
6	6	7	8	9	10	11	12
7	13	14	15	16	17	18	19
8	20	21	22	23	24	25	26
9	27	28	29				

März

KW	MO	DI	MI	DO	FR	SA	SO
9				1	2	3	4
10	5	6	7	8	9	10	11
11	12	13	14	15	16	17	18
12	19	20	21	22	23	24	25
13	26	27	28	29	30	31	

April

KW	MO	DI	MI	DO	FR	SA	SO
13							1
14	2	3	4	5	6	7	8
15	9	10	11	12	13	14	15
16	16	17	18	19	20	21	22
17	23	24	25	26	27	28	29
18	30						

Die gelb markierten Kalendertage sind Feiertage.

____

   b) Prüfen Sie, ob Frau Klein bis einige Tage vor der Entbindung arbeiten darf.
      (1) Frau Klein darf nur beschäftigt werden, wenn dringende betriebliche Erfordernisse vorliegen. ☐
      (2) Frau Klein darf bis zur Entbindung nur auf ihren ausdrücklichen Wunsch weiterbeschäftigt werden. ☐
      (3) Frau Klein darf für die letzten sechs Wochen vor der Entbindung laut Mutterschutzgesetz nicht arbeiten, es gilt ein absolutes Arbeitsverbot. ☐
      (4) Frau Klein darf nicht arbeiten, da in jedem Fall die Schutzfristen sechs Wochen vor und acht Wochen nach der Entbindung einzuhalten sind. ☐
      (5) Frau Klein darf nur weiterbeschäftigt werden, wenn sie auf Elterngeld verzichtet. ☐

5. Welche Aussage trifft nach dem Mutterschutzgesetz zu?

   a) Das Mutterschaftsgeld wird je zu einem Drittel vom Arbeitgeber, Staat und von der Krankenkasse gezahlt. ☐
   b) Der Mutterschaftsurlaub beträgt auf Verlangen höchstens sechs Monate. ☐
   c) Ein Kündigungsschutz besteht nur bis zu sechs Wochen nach der Entbindung. ☐
   d) Acht Wochen vor und sechs Wochen nach der Entbindung besteht grundsätzlich ein Beschäftigungsverbot. ☐
   e) Sechs Wochen vor und acht Wochen nach der Entbindung besteht grundsätzlich ein Beschäftigungsverbot. ☐

Zu den nächsten zwei Aufgaben beachten Sie bitte folgenden Ausschnitt aus dem Urlaubsgesetz.

§ 1 Urlaubsanspruch. Jeder Arbeitnehmer hat in jedem Kalenderjahr Anspruch auf bezahlten Erholungsurlaub.

§ 2 Geltungsbereich. Arbeitnehmer im Sinne des Gesetzes sind Arbeiter und Angestellte sowie die zu ihrer Berufsausbildung Beschäftigten. Als Arbeitnehmer gelten auch Personen, die wegen ihrer wirtschaftlichen Unselbstständigkeit als arbeitnehmerähnliche Personen anzusehen sind ...

§ 3 Dauer des Urlaubs. (1) Der Urlaub beträgt jährlich mindestens 24 Werktage.
(2) Als Werktage gelten alle Kalendertage, die nicht Sonn- oder gesetzliche Feiertage sind.

§ 4 Wartezeit. Der volle Urlaubsanspruch wird erstmalig nach sechsmonatigem Bestehen des Arbeitsverhältnisses erworben.

§ 5 Teilurlaub. (1) Anspruch auf ein Zwölftel des Jahresurlaubs für jeden vollen Monat des Bestehens des Arbeitsverhältnisses hat der Arbeitnehmer
a) für Zeiten eines Kalenderjahres, für die er wegen Nichterfüllung der Wartezeit in diesem Kalenderjahr keinen vollen Urlaubsanspruch erwirbt;
b) wenn er vor erfüllter Wartezeit in der ersten Hälfte eines Kalenderjahres aus dem Arbeitsverhältnis ausscheidet;
c) wenn er nach erfüllter Wartezeit in der ersten Hälfte eines Kalenderjahres ausscheidet.
(2) Bruchteile von Urlaubstagen, die mindestens einen halben Tag ergeben, sind auf volle Urlaubstage aufzurunden.
(3) Hat der Arbeitnehmer im Falle des Absatzes 1 Buchstabe c bereits Urlaub über den ihm zustehenden Umfang hinaus erhalten, so kann das dafür gezahlte Urlaubsentgelt nicht zurückgefordert werden.

§ 8 Erwerbstätigkeit während des Urlaubs. Während des Urlaubs darf der Arbeitnehmer keine dem Urlaubszweck widersprechende Erwerbstätigkeit leisten.

§ 9 Erkrankung während des Urlaubs. Erkrankt ein Arbeitnehmer während des Urlaubs, so werden die durch ärztliches Zeugnis nachgewiesenen Tage der Arbeitsunfähigkeit auf den Jahresurlaub nicht angerechnet.

6. Herr Groß ist seit Januar dieses Jahres bei der BHL-Logistik GmbH als Fachmitarbeiter im Einkauf tätig. Nach achtmonatiger Beschäftigung hat er bereits 16 Werktage Urlaub genommen. Er möchte nun von Ihnen wissen, wie viel Werktage Urlaub ihm noch für das laufende Jahr zustehen. Berücksichtigen Sie dabei, dass im Arbeitsvertrag die gesetzliche Urlaubsregelung vereinbart wurde.

---

7. Während des nächsten Erholungsurlaubs erkrankt Herr Groß. Nachdem sich nach zwei Tagen keine Besserung einstellt, sucht er einen Arzt auf. Dieser schreibt Herrn Groß für vier Tage krank. Herr Groß verlangt daraufhin, seinen Urlaubsanspruch um sechs Tage zu verlängern. Um wie viel Tage ist der Urlaubsanspruch des Angestellten laut Bundesurlaubsgesetz zu verlängern?

---

8. Als Mitarbeiter der BHL-Logistik GmbH wirken Sie u. a. an der Erstellung des Wocheneinsatzplans für den 16-jährigen Auszubildenden Sven Groß mit. Prüfen Sie, für welchen Wochentag ein Verstoß gegen das Jugendarbeitsschutzgesetz im Rahmen der Diensteinteilung vorliegt.

	Arbeitszeit	1. Pause
a) Montag	07:30 bis 15:30 Uhr	12:00 Uhr
b) Dienstag	08:30 bis 16:30 Uhr	13:30 Uhr
c) Mittwoch	08:00 bis 17:00 Uhr	12:15 Uhr
d) Donnerstag	09:00 bis 17:30 Uhr	12:30 Uhr
e) Freitag	07:30 bis 16:00 Uhr	12:00 Uhr
Samstag und Sonntag frei		

9. Bestimmen Sie aufgrund der nachstehenden Personalstatistik der BHL-Logistik GmbH die Gesamtzahl der Personen, die einen besonderen gesetzlichen Kündigungsschutz genießen.

PERSONALSTATISTIK (Auszug) der BHL-Logistik GmbH			
		männlich	weiblich
Einkauf/Verkauf/kfm. Verwaltung	Vollzeit Teilzeit	65 12	69 9
Produktion	Vollzeit Teilzeit	256 97	99 55
Außendienstmitarbeiter		12	3
Schwerbehinderte		14	9
Aushilfen/Praktikanten		2	3
Betriebsratsmitglieder		8	5
Mitarbeiter der Kantinenverwaltung		2	3
Freiwillig Wehrdienstleistende		2	0
Arbeitnehmer/-innen (Mutterschutz bzw. Elternzeit)		0	10

Arbeitsblatt 5: Arbeitsgerichtsbarkeit

Situation

Udo Steiner, langjähriger Mitarbeiter der BHL-Logistik GmbH, wurde aus betrieblichen Gründen ordnungsgemäß gekündigt. Da Herr Steiner die Kündigung für sozial ungerechtfertigt hält, möchte er gerichtlich dagegen vorgehen.

1. Geben Sie Herrn Steiner Auskunft darüber, an welches Gericht er sich zu wenden hat.

2. Innerhalb welcher Frist (in Wochen) nach Zugang der Kündigung muss Herr Steiner Klage erheben?

____

3. Begründen sie, welches Verfahren dabei eingeleitet wird.

____

____

4. Ergänzen Sie folgendes Schaubild über den Instanzenweg (Aufbau) der Arbeitsgerichte.

1. Instanz: Klage	→	Arbeitsgericht
		↓
2. Instanz: ____________	→	____________
		↓
3. Instanz: ____________	→	____________

5. Warum sind Arbeitsgerichte mit ehrenamtlichen Richtern besetzt?

____

____

____

____

Situation

Die Arbeitnehmer der BHL-Logistik GmbH möchten einen Betriebsrat wählen. Da sich der Arbeitgeber beharrlich dagegen wehrt, fassen die Arbeitnehmer den Beschluss, ihr Ziel über das Arbeitsgericht zu erreichen.

1. Bei welcher Instanz der Arbeitsgerichtsbarkeit ist die Klage einzureichen?

____

2. Begründen sie, welches Verfahren dabei eingeleitet wird.

____

____

3. Ergänzen Sie folgendes Schaubild über den Instanzenweg (Aufbau) der Arbeitsgerichte für das in Aufgabe 2 eingeleitete Verfahren.

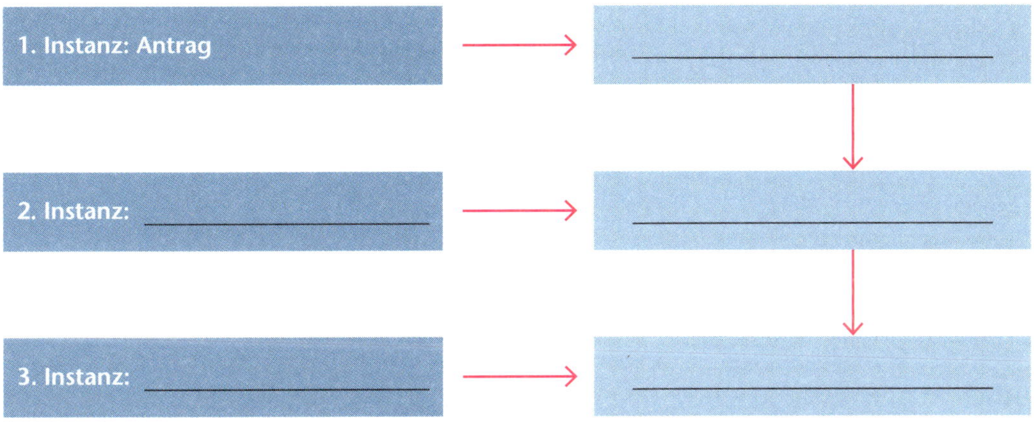

4. In welchen zwei der folgenden Streitfälle ist das Arbeitsgericht zuständig?

a) Streitigkeiten wegen eines Anspruchs auf Verletztengeld ☐
b) Streitigkeiten zwischen Arbeitgeber und Betriebsrat wegen Einführung einer variablen Arbeitszeit ☐
c) Streitigkeiten wegen einer aus der Sicht des Arbeitnehmers ungerechtfertigten Abmahnung eines Vorgesetzten ☐
d) Streitigkeiten wegen eines Anspruchs auf Arbeitslosengeld ☐
e) Streitigkeiten aus einem Einkommensteuerbescheid ☐
f) Streitigkeiten aus einer Kaufmannsgehilfenprüfung wegen eines Verfahrensfehlers ☐

Arbeitsblatt 6: Betriebsverfassungsgesetz

Situation

In Ihrem Betrieb, der BHL-Logistik GmbH, stehen Betriebsratswahlen an. Da Sie als Mitglied in den Wahlvorstand berufen worden sind, erhalten Sie folgende Informationen über den aktuellen Stand der Belegschaft:

22 Arbeitnehmer (darunter zehn Auszubildende unter 18 Jahren),
38 Arbeitnehmer (einschließlich vier Auszubildende) 18 bis 25 Jahre,
121 Arbeitnehmer 25 Jahre und älter.

Davon wurden folgende Mitarbeiter innerhalb der letzten sechs Monate eingestellt:

4 Auszubildende unter 18 Jahren,
9 Arbeitnehmer (einschließlich zwei Auszubildende) 18 bis 25 Jahre,
6 Arbeitnehmer 25 Jahre und älter.

Zur Beantwortung der folgenden Aufgaben haben Sie sich den folgenden Gesetzesauszug herausgesucht:

BetrVG § 7 Wahlberechtigung. Wahlberechtigt sind alle Arbeitnehmer des Betriebs, die das 18. Lebensjahr vollendet haben.

BetrVG § 8 Wählbarkeit. (1) Wählbar sind alle Wahlberechtigten, die sechs Monate dem Betrieb angehören oder als in Heimarbeit Beschäftigte in der Hauptsache für den Betrieb gearbeitet haben.

BetrVG § 9 Zahl der Betriebsratsmitglieder. Der Betriebsrat besteht in Betrieben mit in der Regel

5 bis 20 wahlberechtigten Arbeitnehmern aus einer Person,
21 bis 50 wahlberechtigten Arbeitnehmern aus 3 Mitgliedern,
51 wahlberechtigten Arbeitnehmern

bis 100 Arbeitnehmern	aus 5 Mitgliedern
101 bis 200 Arbeitnehmern	aus 7 Mitgliedern
201 bis 400 Arbeitnehmern	aus 9 Mitgliedern
401 bis 700 Arbeitnehmern	aus 11 Mitgliedern
701 bis 1000 Arbeitnehmern	aus 13 Mitgliedern

1. Ermitteln Sie, wie viele Personen insgesamt wahlberechtigt sind (aktives Wahlrecht)?

2. Ermitteln Sie, wie viele Belegschaftsmitglieder sich zur Wahl des Betriebsrates aufstellen lassen können (passives Wahlrecht)?

3. Prüfen Sie, wie viele Betriebsratsmitglieder bei der anstehenden Wahl insgesamt zu wählen sind.

4. Welche allgemeinen Aufgaben hat ein Betriebsrat zu erledigen?
Nennen Sie vier Aufgaben.

5. Ordnen Sie den geplanten Maßnahmen der Betriebsleitung die zutreffenden Ziffern bezüglich der Rechte des Betriebsrates zu.

Rechte des Betriebsrates	Maßnahmen
(1) **„echtes" Mitbestimmungsrecht** (Mitentscheidungsrecht)	☐ Die Betriebsleitung plant eine Betriebserweiterung. ☐ Die Betriebsleitung stellt einen neuen Mitarbeiter ein. ☐ Die Betriebsleitung plant, den Beginn der täglichen Arbeitszeit um eine halbe Stunde vorzuverlegen.
(2) **Mitbestimmungsrecht** (Widerspruchsrecht)	☐ Die Betriebsleitung plant die Einführung eines neuen Fertigungsverfahrens.
(3) **Mitwirkungsrecht** (nur Informations- und Beratungsrecht)	☐ Die Betriebsleitung plant eine Überarbeitung des bestehenden Sozialplans.

Situation

In der BHL-Logistik GmbH wird die Wahl einer Jugend- und Auszubildendenvertretung, die alle zwei Jahre in der Zeit vom 1. Oktober bis 30. November stattfindet, vorbereitet. Sie sollen dabei tatkräftig mitwirken.

Zur Beantwortung der folgenden Aufgaben liegt Ihnen folgender Gesetzesauszug vor:

Dritter Teil. Jugend- und Auszubildendenvertretung

Erster Abschnitt. Betriebliche Jugend- und Auszubildendenvertretung

§ 60. Errichtung und Aufgabe. (1) In Betrieben mit in der Regel mindestens fünf Arbeitnehmern, die das 18. Lebensjahr noch nicht vollendet haben (jugendliche Arbeitnehmer) oder die zu ihrer Berufsausbildung beschäftigt sind und das 25. Lebensjahr noch nicht vollendet haben, werden Jugend- und Auszubildendenvertretungen gewählt.

(2) Die Jugend- und Auszubildendenvertretung nimmt nach Maßgabe der folgenden Vorschriften die besonderen Belange der in Absatz 1 genannten Arbeitnehmer wahr.

§ 61. Wahlberechtigung und Wählbarkeit. (1) Wahlberechtigt sind alle in § 60 Abs. 1 genannten Arbeitnehmer des Betriebs.

(2) Wählbar sind alle Arbeitnehmer des Betriebs, die das 25. Lebensjahr noch nicht vollendet haben; Mitglieder des Betriebsrats können nicht zu Jugend- und Auszubildendenvertretern gewählt werden.

§ 62. Zahl der Jugend- und Auszubildendenvertreter, Zusammensetzung der Jugend- und Auszubildendenvertretung.

(1) Die Jugend- und Auszubildendenvertretung besteht in Betrieben mit in der Regel

5 bis 20	der in § 60 Abs. 1 genannten Arbeitnehmer aus	einer Person.
21 bis 50	der in § 60 Abs. 1 genannten Arbeitnehmer aus	3 Mitgliedern,
51 bis 150	der in § 60 Abs. 1 genannten Arbeitnehmer aus	5 Mitgliedern,
151 bis 300	der in § 60 Abs. 1 genannten Arbeitnehmer aus	7 Mitgliedern,
301 bis 500	der in § 60 Abs. 1 genannten Arbeitnehmer aus	9 Mitgliedern,
501 bis 700	der in § 60 Abs. 1 genannten Arbeitnehmer aus	11 Mitgliedern,
701 bis 1.000	der in § 60 Abs. 1 genannten Arbeitnehmer aus	13 Mitgliedern
mehr als 1.000	der in § 60 Abs. 1 genannten Arbeitnehmer aus	15 Mitgliedern.

1. Ermitteln Sie zunächst, aus wie vielen Mitgliedern sich die Jugend- und Auszubildendenvertretung der BHL-Logistik GmbH laut Betriebsverfassungsgesetz (Größe der Belegschaft vgl. vorherige Situation) insgesamt zusammensetzt.

____

2. Wie viele Personen der Belegschaft der BHL-Logistik sind wahlberechtigt?

____

3. Andreas Herrmanns, 24 Jahre, seit neun Monaten als Arbeitnehmer in der BHL-Logistik beschäftigt, möchte als neu gewähltes Betriebsratsmitglied gleichzeitig auch Jugend- und Auszubildendenvertreter werden.

   Begründen Sie, warum Herr Herrmanns nicht gewählt werden kann:

   a) weil das Höchstalter für die Wahl zum Jugend- und Auszubildendenvertreter 23 Jahre beträgt ☐
   b) weil eine Wahl zur Jugend- und Auszubildendenvertretung erst dann durchgeführt werden kann, wenn mindestens 20 Auszubildende unter 25 Jahren im Betrieb beschäftigt sind ☐
   c) weil nur Auszubildende zu Jugend- und Auszubildendenvertretern gewählt werden können ☐
   d) weil ein Betriebsrat nicht gleichzeitig auch Jugend- und Auszubildendenvertreter sein kann ☐
   e) weil für die Wahl zum Jugend- und Auszubildendenvertreter eine Betriebszugehörigkeit von mindestens zwölf Monaten notwendig ist ☐

4. Zur Wahl der Jugend- und Auszubildendenvertretung wollen sich als Kandidaten unter anderem folgende Beschäftigte aufstellen lassen: Sven Schulte (17 Jahre, Auszubildender im 3. Ausbildungsjahr), Martin Groß (22 Jahre, seit fünf Monaten Angestellter bei der BHL-Logistik GmbH) und Dennis Seidl (26 Jahre, Auszubildender im 2. Ausbildungsjahr).

   In welcher Zeile sind die jeweiligen Personen hinsichtlich der ihnen zustehenden Wahlrechte richtig zugeordnet?

	Aktives Wahlrecht	Passives Wahlrecht	
a)	nur Sven Schulte	Sven Schulte, Dennis Seidl	☐
b)	Sven Schulte, Dennis Seidl	Sven Schulte, Dennis Seidl	☐
c)	Sven Schulte, Martin Groß, Dennis Seidl	Sven Schulte, Martin Groß, Dennis Seidl	☐
d)	Sven Schulte, Martin Groß	Sven Schulte, Martin Groß	☐
e)	Sven Schulte, Martin Groß, Patrick Klein	Sven Schulte, Dennis Seidl	☐
f)	nur Sven Schulte	Sven Schulte, Martin Groß	☐

5. Welche Rechte bzw. Pflichten ergeben sich für die gewählte Jugend- und Auszubildendenvertretung?

   a) Die Jugend- und Auszubildendenvertretung verhandelt selbstständig mit der Geschäftsleitung der BHL-Logistik GmbH. ☐
   b) Für die jüngeren Mitarbeiter der BHL-Logistik GmbH gibt es durch die Jugend- und Auszubildendenvertretung Ansprechpartner in ihrem Alter, die ihre Anliegen über den Betriebsrat bei der Geschäftsleitung vortragen können und durchzusetzen versuchen. ☐
   c) Mitglieder der Jugend- und Auszubildendenvertretung müssen an allen Sitzungen des Betriebsrates teilnehmen und aktuelle Informationen an die jungen Mitarbeiter in der BHL-Logistik GmbH weitergeben. ☐
   d) Ein Vertreter der Jugend- und Auszubildendenvertretung kann sich gleichzeitig in den Betriebsrat wählen lassen. ☐
   e) Die Auszubildenden können beispielsweise die Ablösung eines unbeliebten Ausbilders über den Betriebsrat erzwingen. ☐

6. Das Betriebsverfassungsgesetz sieht vor, dass in jedem Kalenderquartal eine Betriebsversammlung stattfindet. Begründen Sie, ob dazu auch Auszubildende eingeladen werden.

a) Ja, neben der Geschäftsführung, den Gesellschaftern und dem Betriebsrat sind auch die Vertreter der Jugend- und Auszubildendenvertretung einzuladen. ☐
b) Nein, erst mit dem Bestehen der Abschlussprüfung vor der zuständigen Kammer wird ein Auszubildender zum Arbeitnehmer. ☐
c) Nein, neben dem Betriebsrat sind nur die Mitglieder der Jugend- und Auszubildendenvertretung einzuladen. ☐
d) Nein, daran nehmen nur Betriebsräte teil. ☐
e) Ja, neben der Betriebsleitung sind alle Arbeitnehmer des Betriebes einzuladen. ☐

Wiederholungsaufgaben

1. In Ihrem Betrieb (330 Arbeitnehmer) steht die Wahl zum Betriebsrat und zur Jugend- und Auszubildendenvertretung an.
Stellen Sie fest, wie viele Arbeitnehmer insgesamt für die Wahl des Betriebsrates und der Jugend- und Auszubildendenvertretung wahlberechtigt sind.

Auszubildende		Übrige Arbeitnehmer	
Alter	**Anzahl**	**Alter**	**Anzahl**
16 Jahre	6	16 Jahre	2
17 Jahre	5	17 Jahre	3
18 Jahre	7	18 Jahre	5
19 Jahre	2	19 Jahre	5
20 Jahre	–	20 Jahre	11
21 Jahre	6	21 bis 25 Jahre	38
22 Jahre	5	26 und älter	233
23 Jahre	–		
24 Jahre	–		
25 Jahre	1		
26 Jahre	1		
Summe Auszubildende	**33**	**Summe übrige Arbeitnehmer**	**297**

2. Prüfen Sie, in welchen zwei Fällen der Betriebsrat seine Rechte (Kompetenzen) überschreiten würde.

a) Aufgrund der steigenden Mitarbeiterzahl beantragt er beim Arbeitgeber die Vergrößerung der Kantinenfläche. ☐
b) Er stellt für die BHL-Logistik GmbH eine neue Sekretärin für den Betriebsratsvorsitzenden ein. ☐
c) Er berät einen Mitarbeiter, dem betriebsbedingt gekündigt wurde. ☐
d) Er verlangt die Überlassung der Bewerbungsunterlagen für die neu geschaffene Stelle „Datenschutzbeauftragte(r)". ☐
e) Er kündigt den mit dem Arbeitgeberverband bestehenden Haustarifvertrag. ☐

3. Geben Sie an, in welcher von der Betriebsleitung für das nächste Jahr geplanten Maßnahme der Betriebsrat nur ein Unterrichtungs- und Beratungsrecht, jedoch kein Mitbestimmungsrecht hat.

a) Einführung einer variablen Arbeitszeit ☐
b) Festlegung der Grundsätze über das betriebliche Vorschlagwesen ☐

c) Festlegung der Betriebsferien ☐
d) Übernahme einer 30%igen Beteiligung an einem inländischen Konkurrenten ☐
e) Einführung und Erarbeitung eines Sozialplans ☐

4. Prüfen Sie, welche der folgenden Personen sich zur Wahl einer Jugend- und Auszubildendenvertretung aufstellen lassen kann.

a) Simon Groß, 22 Jahre, Betriebsratsmitglied, seit drei Jahren als Fachlagerist beschäftigt ☐
b) Nico Keil, 25 Jahre, seit sieben Monaten als Auszubildender zur Fachkraft für Lagerlogistik beschäftigt ☐
c) Julia Scholz, 21 Jahre, seit vier Monaten als Auszubildende zur Fachlageristin beschäftigt ☐
d) Martin Rauch, 27 Jahre, seit einem Jahr als Sachbearbeiter in der Lohnbuchhaltung beschäftigt ☐
e) Sven Freitag, 26 Jahre, seit drei Monaten als Auszubildender zum Kaufmann für Bürokommunikation beschäftigt ☐

5. Was versteht man unter einer Betriebsvereinbarung?

a) Die Betriebsvereinbarung ist ein Vertrag zwischen der Gewerkschaft und dem Arbeitgeberverband über die Arbeitsbedingungen in allen gleichartigen Betrieben. ☐
b) Sie ist ein Vertrag über die Ausführung von öffentlichen Arbeiten zwischen einem Unternehmen und einer Gemeindeverwaltung. ☐
c) Sie ist ein Vertrag zwischen Verkehrsbetrieben benachbarter Städte über die Vereinheitlichung der Tarife für den Personentransport. ☐
d) Sie ist ein schriftlicher Vertrag zwischen Arbeitgeber und Betriebsrat zur Regelung betriebsinterner Fragen. ☐
e) Sie ist eine von der Betriebsversammlung beschlossene Vereinbarung zwischen Belegschaft und Betriebsrat. ☐
f) Die zwischen der Betriebsleitung und dem Betriebsrat ausgehandelte Betriebsvereinbarung regelt die Rechte und Pflichten der Tarifvertragsparteien und enthält Rechtsnormen, die den Inhalt, den Abschluss und die Beendigung von Arbeitsverhältnissen ordnen. ☐

Arbeitsblatt 7: Tarifvertrag

Situation

Für die Logistikbranche, in der Sie tätig sind, soll über einen neuen Entgelttarifvertrag verhandelt werden. Tarifauseinandersetzungen sind dabei häufig mit Streikmaßnahmen verbunden, mit denen die Arbeitnehmerseite versucht, höhere Löhne und Gehälter durchzusetzen.

1. Schildern Sie den typischen Ablauf von Tarifverhandlungen mit Kampfmaßnahmen, indem Sie die folgenden Phasen einer Tarifauseinandersetzung in der richtigen Reihenfolge auf das vorstrukturierte Arbeitsblatt übertragen.

Phasen einer Tarifauseinandersetzung:

- Streikbeschluss der Gewerkschaftsführung
- Aussperrung
- Scheitern der Tarifverhandlung und des Schlichtungsverfahrens
- Urabstimmung über Streik
- Urabstimmung über Ende des Streiks und Annahme des neuen Tarifvertrages
- Weitere Tarifverhandlungen
- Streik
- Einigung über neuen Tarifvertrag

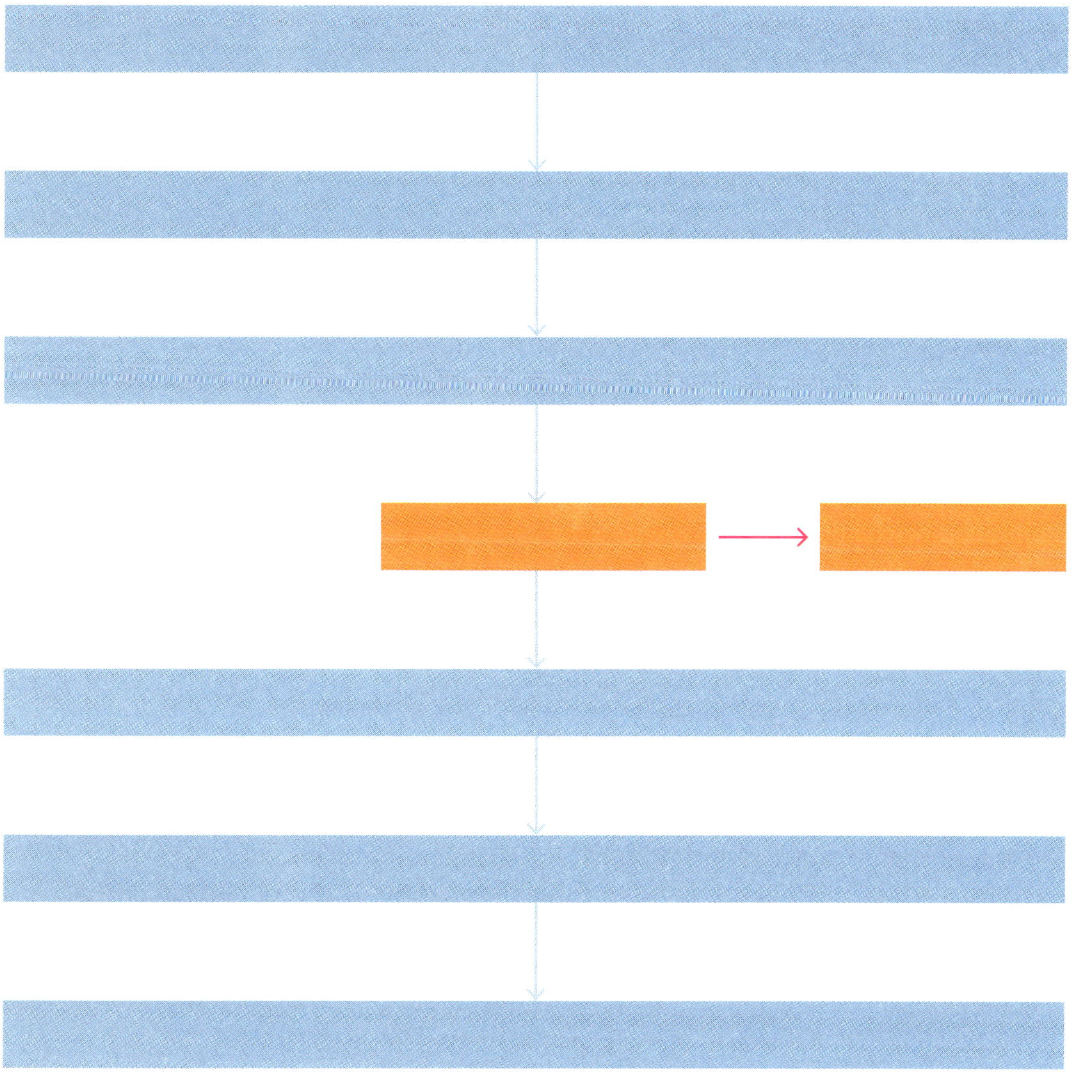

2. Zwischen welchen Tarifparteien finden die Verhandlungen statt?

____

3. Jede Arbeitnehmerin bzw. jeder Arbeitnehmer hat aufgrund der im Grundgesetz verankerten Koalitionsfreiheit (Vereinigungsfreiheit) das Recht, sich einer Arbeitnehmerorganisation anzuschließen. Wie heißt der Dachverband, zu dem sich die meisten dieser Organisationen zusammengeschlossen haben?

____

4. Da sich die Tarifpartner nicht einigen können, möchte die Arbeitnehmervertretung ihren Druck auf die Arbeitgeberseite durch die Ausrufung eines Streiks erhöhen. Wer darf über einen möglichen Streik abstimmen?

____

5. Das Ziel von Tarifverhandlungen ist das Zustandekommen eines Tarifvertrages. Dabei wird zwischen dem Entgelttarifvertrag und dem in der Regel längerfristig geltenden Manteltarifvertrag unterschieden. Stellen Sie fest, welche typischen Inhalte Sie in einem Manteltarifvertrag finden.

____

____

6. In einem Radiointerview fordert ein Politiker die Tarifpartner zu einer Nullrunde auf, damit eine drohende Inflation eingedämmt werden könne. Sollten sich die Tarifpartner nicht darauf einigen können, solle die Nullrunde vom Bundestag auf Initiative des Bundespräsidenten gesetzlich beschlossen werden. Wogegen würde ein solches Vorgehen verstoßen?

7. Patrick Klein, 17 Jahre, seit Oktober dieses Jahres Auszubildender der BHL-Logistik GmbH, bittet Sie um Hilfe. Er möchte von Ihnen wissen, wie viele Urlaubstage ihm für dieses Jahr anteilig zustehen. Nehmen Sie bei der Beantwortung dieser Frage die abgedruckten Auszüge aus dem Manteltarifvertrag und dem Bundesurlaubsgesetz zur Hand.

Auszug aus dem Bundesurlaubsgesetz
§ 5 Teilurlaub

(1) Anspruch auf ein Zwölftel des Jahresurlaubs für jeden vollen Monat des Bestehens des Arbeitsverhältnisses hat der Arbeitnehmer

a) für Zeiten eines Kalenderjahres, für die er wegen Nichterfüllung der Wartezeit in diesem Kalenderjahr keinen vollen Urlaubsanspruch erwirbt;
b) wenn er vor erfüllter Wartezeit aus dem Arbeitsverhältnis ausscheidet;
c) wenn er nach erfüllter Wartezeit in der ersten Hälfte eines Kalenderjahres aus dem Arbeitsverhältnis ausscheidet.

(2) Bruchteile von Urlaubstagen, die mindestens einen halben Tag ergeben, sind auf volle Urlaubstage aufzurunden.

(3) Hat der Arbeitnehmer im Falle des Absatzes 1 Buchstabe c bereits Urlaub über den ihm zustehenden Umfang hinaus erhalten, so kann das dafür gezahlte Urlaubsentgelt nicht zurückgefordert werden.

Auszug aus dem Manteltarifvertrag
Urlaubsanspruch

Für eine Urlaubswoche sind 5 Urlaubstage anzurechnen; gesetzliche Feiertage sind nicht als Urlaubstage anzurechnen.
Der Urlaubsanspruch beträgt:

Jahr der Betriebszugehörigkeit	Urlaubstage
im 1. und 2. Jahr	26
im 3. und 4. Jahr	27
im 5. und 6. Jahr	29
ab dem 7. Jahr	30

Für die Arbeitnehmer/-innen, die bis zum 30. Juni eines Jahres in das Unternehmen eintreten, gilt das Eintrittsjahr als erstes Jahr der Unternehmens zugehörigkeit.
Auszubildende erhalten 30 Urlaubstage.

8. Sven Müller, 17 Jahre, seit neun Monaten als Auszubildender in der BHL-Logistik beschäftigt, möchte der Gewerkschaft beitreten. Wie verhält sich Sven korrekt?

a) Er darf als Auszubildender keiner Gewerkschaft beitreten. ☐
b) Er muss seinen Ausbilder vorher fragen, da er in einem befristeten Ausbildungsverhältnis steht. ☐
c) Er kann der Gewerkschaft nur beitreten, wenn er die zuständige Stelle (IHK bzw. HWK) frühzeitig darüber informiert. ☐
d) Er kann der Gewerkschaft jederzeit beitreten, ohne seinen Ausbilder bzw. Ausbildenden darüber informieren zu müssen. ☐
e) Er muss seinen Ausbilder nach Beitritt schriftlich über seine Mitgliedschaft informieren. ☐

Wiederholungsaufgaben

1. Bringen Sie die folgenden Schritte beim Zustandekommen eines Tarifvertrages in die richtige Reihenfolge, indem Sie die Ziffern 1 bis 7 in die Kästchen vor den einzelnen Schritten eintragen.

☐ fristgemäße Kündigung des Gehaltstarifvertrages
☐ Urabstimmung über einen Arbeitskampf mit nachfolgendem Streik und Aussperrung
☐ Aufnahme der Tarifverhandlungen durch die Tarifpartner
☐ neue Verhandlungen während des Streiks
☐ Erklärung des Scheiterns der Tarifverhandlungen durch eine Partei
☐ Abschluss eines Tarifvertrages
☐ Urabstimmung über das Ergebnis der neuen Tarifrunde mit zustimmendem Ergebnis

2. Kristina Witt, eine neue Mitarbeiterin der BHL-Logistik GmbH, ist der Meinung, dass die Anzahl der ihr gewährten Urlaubstage nicht korrekt ist. Prüfen Sie, welche Unterlage Frau Witt zur Bestimmung der Urlaubstage heranziehen kann, wenn der Urlaub für ihre Branche individuell geregelt ist.

a) das Bürgerliche Gesetzbuch ☐
b) den Manteltarifvertrag ☐
c) den Entgelttarifvertrag ☐
d) das Arbeitszeitgesetz ☐
e) das Allgemeine Gleichstellungsgesetz ☐

3. Wird ein Tarifvertrag für allgemein verbindlich erklärt, gelten die Vereinbarungen des Tarifvertrages auch für bisher nicht tarifgebundene Arbeitgeber des Tarifbezirks. In Zeiten hoher Arbeitslosigkeit entfällt damit für den Arbeitgeber der Anreiz, hauptsächlich „Nichtorganisierte" zu beschäftigen. Bestimmen Sie, wer einen Tarifvertrag für allgemein verbindlich erklären kann.

a) die Gewerkschaften ☐
b) der Bundesminister für Arbeit und Soziales ☐
c) der Bundesminister für Wirtschaft und Technologie ☐
d) die Arbeitgeberverbände ☐
e) die Sozialpartner auf Antrag des Bundesministeriums für Arbeit und Soziales ☐

4. Stellen Sie fest, was man unter dem Begriff „Tarifautonomie" versteht.

a) Tarifautonomie bedeutet, dass alle arbeitsrechtlichen Fragen mit Tarifverträgen geregelt werden. ☐
b) Darunter versteht man, dass in den Mitgliedstaaten der EU die Gehälter und Löhne ohne Absprache mit den anderen Mitgliedstaaten festgelegt werden können. ☐
c) Arbeitgeberverbände und Gewerkschaften schließen unabhängig von staatlichen Eingriffen Tarifverträge ab. ☐

d) Der Bundesminister für Arbeit und Soziales hat das Recht, Tarifverträge für unwirksam zu erklären. ☐
e) Die Bundesregierung hat beim Zustandekommen von Tarifverträgen ein Einspruchsrecht. ☐

5. Um welche Art von Streik handelt es sich in den angegebenen Fällen? Ordnen Sie entsprechend zu.

Arten von Streik		Fälle
(1) Wilder Streik	☐	Arbeitnehmer stellen während der Restlaufzeit des Tarifvertrages spontan und ohne Absprache mit der Gewerkschaft ihre Arbeit ein.
(2) Warnstreik	☐	Ein solcher Streik liegt vor, wenn nur bestimmte Schlüsselunternehmen eines Wirtschaftszweiges bestreikt werden.
(3) Schwerpunktstreik	☐	Arbeitnehmer zeigen auf Betreiben der Gewerkschaft ihre Streikbereitschaft durch kurze Arbeitsniederlegung, z. B. 30 Min., um die Arbeitgeber vor weiteren Streiks zum Einlenken zu bewegen.
(4) Generalstreik	☐	Dieser Streik verfolgt das Ziel, Streikenden einer anderen Branche ihre Unterstützung zu demonstrieren.
(5) Sympathiestreik	☐	Alle Arbeitnehmer eines Landes legen ihre Arbeit nieder; meist werden dabei politische Ziele verfolgt.

6. Welche Aussage trifft auf Aussperrung zu?

a) Aussperrung ist die Betriebsbesetzung durch Streikende mit dem Ziel, der Betriebsleitung den Zutritt zu verwehren. ☐
b) Aussperrung ist die gemeinsame Arbeitsniederlegung aller Arbeitnehmer ohne Absprache mit der Gewerkschaft. ☐
c) Aussperrung stellt eine außerordentliche Kündigung der gewerkschaftlich organisierten Arbeitnehmer dar. ☐
d) Aussperrung ist die vorübergehende Aufhebung der Arbeitsverhältnisse in den betroffenen Betrieben (Arbeitsvertrag ruht vorübergehend). ☐
e) Aussperrung stellt die ordentliche Kündigung von Arbeitnehmern für den Zeitraum eines Arbeitskampfes dar. ☐

7. Welche Aussage trifft auf die Schlichtung in einem Tarifkonflikt zu?

a) Der Schlichter unterbreitet einen Kompromissvorschlag, den mindestens ein Tarifpartner annehmen muss. ☐
b) Der Vorschlag des Schlichters wird rechtswirksam, wenn ihm die Mehrheit der gewerkschaftlich organisierten Arbeitnehmer zustimmt. ☐
c) Das Schlichtungsverfahren setzt erst dann ein, wenn der durch Streik und Aussperrung verursachte volkswirtschaftliche Schaden nicht mehr vertretbar ist. ☐
d) Das Schlichtungsverfahren kann erst dann eingeleitet werden, wenn sich mindestens 50 % der gewerkschaftlich organisierten Arbeitnehmer dafür aussprechen. ☐
e) Der Vorschlag des Schlichters führt nur zum Ende der Tarifauseinandersetzung, wenn er von beiden Tarifpartnern angenommen wird. ☐

Arbeitsblatt 8: Vergütung der Arbeitsleistung

1. Finden Sie im folgenden „Buchstaben-Wirrwarr" neun Begriffe aus dem Bereich der Lohnformen. Die Wörter verstecken sich waagerecht, senkrecht und diagonal und können sowohl vorwärts als auch rückwärts geschrieben sein. Sie können auch gemeinsame Buchstaben besitzen.

D	R	O	K	K	A	T	I	E	Z	K	C	Ü	T	S
G	J	G	X	O	F	I	O	B	B	B	N	T	T	N
Y	A	A	R	I	M	X	I	N	F	H	F	Ü	Z	N
I	D	L	X	U	Y	Q	H	M	O	G	C	V	E	H
N	R	U	H	M	N	E	X	L	S	K	C	K	I	O
D	M	H	N	C	R	D	N	A	G	X	A	L	T	L
B	Y	X	D	E	S	E	L	E	H	A	O	X	L	S
E	J	Y	T	Z	I	U	L	O	D	Z	P	T	O	G
Z	H	T	O	M	F	D	Z	Z	H	U	G	T	H	N
Q	D	P	Ä	A	A	J	L	D	I	N	C	I	N	U
L	A	R	D	K	D	E	L	G	R	A	E	V	G	T
U	P	A	K	D	Y	F	J	K	P	O	W	S	T	S
R	T	O	B	C	R	P	F	U	L	F	K	U	T	I
O	R	A	K	K	O	R	D	L	O	H	N	K	E	E
D	H	M	B	Q	F	B	L	M	Y	H	U	U	A	L

2. Welche vier arbeitstechnischen Voraussetzungen müssen gegeben sein, damit die Entlohnung nach Akkord in einem Unternehmen eingeführt werden kann?

Situation

Die 18-jährige ledige und kinderlose Auszubildende Laura Müller (evangelisch) erhält ihre erste Verdienstabrechnung, die auszugsweise so aussieht:

Monat	**Mai**
Bruttoentgelt	565,00 EUR
Gesetzliche Abzüge	
AN-Beitrag zur KV	46,33 EUR
AN-Beitrag zur RV	56,22 EUR
AN-Beitrag zur ALV	8,48 EUR
AN-Beitrag zur UV	2,37 EUR
AN-Beitrag zur PV	11,02 EUR
Auszahlungsbetrag	440,58 EUR

1. Begründen Sie, warum sich Laura Müller zu Recht in der Personalabteilung über eine falsche Verdienstabrechnung beschwert.

2. Berechnen Sie den korrekten Auszahlungsbetrag, der an Laura Müller überwiesen werden muss.

3. Begründen Sie, nach welcher Steuerklasse Laura Müller besteuert wird.

4. Berechnen Sie den jeweiligen prozentualen Anteil für Kranken-, Renten-, Arbeitslosen- und Pflegeversicherung vom Bruttoentgelt.

5. Mit welchen weiteren gesetzlichen Abzügen muss Laura Müller rechnen, wenn sie nach Beendigung ihrer Ausbildung und Übernahme in ein unbefristetes Arbeitsverhältnis 1 980,00 EUR brutto pro Monat verdient?

- ______
- ______
- ______

6. Weshalb muss Laura Müller derzeit diese Abzüge noch nicht bezahlen?

______

7. Was würde sich an ihrer Gehaltsabrechnung ändern, wenn Laura Müller 23 Jahre alt wäre?

______

Situation

Nach Beendigung ihrer Ausbildung wurde Cindy Grad in München in ein unbefristetes Arbeitsverhältnis übernommen und erhielt ihre erste Gehaltsabrechnung. Diese Gehaltsabrechnung ist hier in Auszügen dargestellt.

Grad, Cindy, 21 Jahre, ledig	**St.Klasse I/0**	**röm.-kath.**
Monat	**August**	
Bruttoentgelt	**1 640,00 EUR**	
Vermögensbildender AG-Anteil	**13,30 EUR**	
Gesetzliche Abzüge AN-Anteil		
Lohnsteuer	137,41 EUR	
Kirchensteuer	10,99 EUR	
Solidaritätszuschlag	7,55 EUR	
Beitrag zur KV	134,48 EUR	
Beitrag zur RV	163,18 EUR	
Beitrag zur ALV	24,60 EUR	
Beitrag zur PV	20,09 EUR	
Nettoentgelt	**1 141,70 EUR**	
Sonstige Be- und Abzüge		
Vermögensbildender AN-Anteil	40,00 EUR	

1. Warum wird Cindy Grad in diese Steuerklasse eingestuft?

a) weil sie weiblich ist
b) weil sie ledig ist
c) weil sie in München arbeitet
d) weil sie einer steuererhebenden Kirchengemeinschaft angehört
e) weil sie noch nicht 23 Jahre alt ist

2. Berechnen Sie den prozentualen Anteil der Kirchensteuer an der Lohnsteuer.

3. Durch die Beschäftigung von Cindy Grad werden Beiträge zur gesetzlichen Arbeitslosenversicherung fällig. Wer muss dafür aufkommen?

a) Arbeitgeber und Rentner
b) der Arbeitnehmer
c) Gewerkschaft und Arbeitnehmer
d) Arbeitgeberverband und Gewerkschaft
e) Arbeitgeber und Arbeitnehmer

4. Berechnen Sie den Betrag, den Cindy Grad auf ihr Girokonto überwiesen bekommt.

5. Prüfen Sie, warum Cindy Grad einen Teil ihres Gehaltes vermögenswirksam anlegt.

a) Weil sie dadurch den Kauf ihres ersten eigenen Autos finanziert.
b) Weil sie dadurch einen Anspruch auf Arbeitnehmersparzulage erwirbt.
c) Weil sie dadurch jedes Quartal von ihrem Arbeitgeber 120 EUR zusätzlich ausbezahlt bekommt.
d) Weil sie dadurch eine zusätzliche Rente für ihre Vorsorge im Alter aufbaut.
e) Weil sie dadurch geringere Beiträge zur gesetzlichen Arbeitslosenversicherung leisten muss.

6. Cindy Grad heiratet im Oktober ihren Freund. Welche Änderung ergibt sich dadurch in ihrer Gehaltsabrechnung?

a) Durch die Heirat erhöht sich das Bruttoentgelt. ☐
b) Durch die Heirat wird sie von der Kirchensteuer befreit. ☐
c) Durch die Heirat kann sie die Steuerklasse IV erhalten. ☐
d) Durch die Heirat wird der vermögensbildende AG-Anteil verdoppelt. ☐
e) Durch die Heirat werden die Beiträge zu den Sozialversicherungen halbiert. ☐

7. Cindy Grad möchte nach der Heirat möglichst viel Nettoentgelt erhalten. Was sollte sie deshalb unter Beachtung des folgenden Gesetzesauszuges tun?

§ 39 Einkommensteuergesetz (Auszug)

(5) [1]Treten bei einem Arbeitnehmer im Laufe des Kalenderjahres, für das die Lohnsteuerkarte gilt, die Voraussetzungen für eine ihn günstigere Steuerklasse oder höhere Zahl der Kinderfreibeträge ein, so kann der Arbeitnehmer bis zum 30. November bei der Gemeinde, in den Fällen des Absatzes 3a beim Finanzamt die Änderung der Eintragung beantragen. [2]Die Änderung ist mit Wirkung von dem Tage an vorzunehmen, an dem erstmals die Voraussetzungen für die Änderung vorlagen. [3]Ehegatten, die beide in einem Dienstverhältnis stehen, können im Laufe des Kalenderjahres einmal, spätestens bis zum 30. November, bei der Gemeinde beantragen, die auf ihren Lohnsteuerkarten eingetragenen Steuerklassen in andere nach § 38b Satz 2 Nummer 3 bis 5 in Betracht kommende Steuerklassen zu ändern. [4]Die Gemeinde hat die Änderung mit Wirkung vom Beginn des auf die Antragstellung folgenden Kalendermonats an vorzunehmen.

a) Sie sollte gemeinsam mit ihrem Ehegatten die Eheschließung dem Finanzamt anzeigen. ☐
b) Sie sollte die Steuerklasse wechseln. ☐
c) Sie sollte einen steuerlichen Freibetrag beim Finanzamt beantragen. ☐
d) Sie sollte zusammen mit ihrem Ehegatten bei der Gemeinde eine Änderung der Steuerklassen beantragen. ☐
e) Sie sollte möglichst bald ihren Arbeitgeber auffordern, wegen der Eheschließung die Steuer niedriger fest zu setzen. ☐

8. Bestimmen Sie den Zeitpunkt, ab dem die Änderung der Lohnsteuerklasse wirksam wird, wenn Cindy Grad den Antrag am 4. November stellt.

___

9. Prüfen Sie, aus welchen zwei Gründen es sich für Cindy Grad finanziell lohnen kann, für dieses Kalenderjahr eine Einkommensteuererklärung abzugeben.

a) Weil Sie für die Wartung ihres kleinen Autos, mit dem sie zur Arbeitsstätte fährt, 220 EUR bezahlen musste. ☐
b) Weil Sie für das Fittness-Studio 600 EUR bezahlte, um sich für den Beruf körperlich fitt zu halten. ☐
c) Weil Sie an einer beruflichen Fortbildung teilgenommen und dafür 250 EUR selbst bezahlt hat. ☐
d) Weil Sie trotz aller Geldgeschenke zur Hochzeit für die Kosten der Feier noch 1.500 EUR von ihrem Sparkonto abheben musste. ☐
e) Weil Sie für ihre Wohnung ca. 70 EUR monatlich mehr als üblich an Miete bezahlen musste. ☐
f) Weil Sie für die Fahrten zu ihrer Arbeitsstätte etwa 1.500 EUR bezahlt hat. ☐

10. Stellen Sie fest, welche Ausgaben Cindy Grad in ihrer Einkommensteuererklärung **nicht** geltend machen kann.

a) Die Ausgaben für die Fahrten von ihrem Wohnort zur Arbeitsstätte. ☐
b) Die Ausgaben für eine Fachzeitschrift, die sie sich selbst kauft. ☐
c) Die Ausgaben für das neue Kleid anlässlich des Betriebsjubiläums. ☐
d) Die Ausgaben für ihre Kfz-Haftpflichtversicherung. ☐
e) Die Ausgaben für Medikamente, die sie täglich benötigt. ☐

Arbeitsblatt 9: Gesetzliche Sozialversicherung

1. Finden Sie im folgenden „Buchstaben-Wirrwarr" acht Begriffe aus dem Bereich der Sozialversicherungen (Kapitel 1.8.1 des Lehrbuches). Die Wörter verstecken sich waagerecht, senkrecht und diagonal und können sowohl vorwärts als auch rückwärts geschrieben sein. Sie können auch gemeinsame Buchstaben besitzen.

E	Q	Z	L	E	M	C	D	A	J	H	H	W	D	J
Z	Y	U	D	S	S	C	M	O	X	S	P	W	L	Z
T	X	Z	M	W	S	R	Y	O	T	K	E	N	T	X
E	D	A	X	C	D	O	J	V	C	U	W	A	Y	X
S	Y	H	Z	N	E	T	S	I	X	E	L	P	K	W
E	H	L	J	A	Q	K	Y	T	J	P	T	M	K	P
G	N	U	T	R	A	W	R	E	S	N	E	B	E	L
L	M	N	G	P	S	H	N	T	U	K	X	W	Q	P
A	K	G	M	E	F	L	I	H	L	A	I	Z	O	S
I	U	R	E	N	T	E	N	A	L	T	E	R	L	C
Z	Z	S	R	O	B	I	U	H	T	C	R	D	R	V
O	C	I	D	R	P	F	L	E	G	E	F	A	L	L
S	U	O	A	F	R	V	R	G	W	V	J	P	W	V
P	K	D	Z	G	A	N	L	K	O	L	L	K	T	K
Y	V	C	X	E	E	B	G	S	C	T	Y	Q	U	S

2. Nennen Sie vier Ursachen dafür, dass das System der sozialen Sicherung in der Bundesrepublik Deutschland in Gefahr ist.

____

____

____

____

3. Begründen Sie, warum eine – statistisch gesehen – steigende Lebenserwartung sowohl positiv als auch negativ für die Bundesrepublik Deutschland sein kann.

____

____

Situation

Durch Ihre nicht selbstständige Beschäftigung in Vollzeit hat Ihr Arbeitgeber verschiedene Zahlungen zu leisten.

1. Nennen Sie die Zweige der gesetzlichen Sozialversicherung, an die Ihr Arbeitgeber Zahlungen zu leisten hat.

2. Prüfen Sie, auf welche zwei Zahlungen Sie einen gesetzlichen Anspruch haben.

a) Zahlung eines Fahrtkostenzuschusses ☐
b) Zahlung des Arbeitgeberanteils zur Sozialversicherung ☐
c) Zahlung des Weihnachtsgeldes ☐
d) Zahlung eines Verpflegungszuschusses ☐
e) Zahlung des Arbeitsentgeltes im Krankheitsfall ☐
f) Zahlung der privaten Unfallversicherung ☐

3. Geben Sie an, wer und in welcher Höhe für Ihre Beiträge zur gesetzlichen Krankenversicherung aufkommen muss.

a) Ihr Arbeitgeber und Sie selbst jeweils zur Hälfte ☐
b) der Arbeitgeberverband und Sie selbst jeweils zur Hälfte ☐
c) die IHK und Sie selbst jeweils zur Hälfte ☐
d) Ihr Arbeitgeber und Sie selbst in unterschiedlicher Höhe ☐
e) die Gewerkschaft und Sie selbst in unterschiedlicher Höhe ☐

4. Geben Sie an, an welche Institution Ihr Arbeitgeber die in der Entgeltabrechnung ermittelten Beiträge zur gesetzlichen Sozialversicherung überweisen muss.

a) an Ihr zuständiges Finanzamt ☐
b) an die Berufsgenossenschaft des Unternehmens ☐
c) an die Agentur für Arbeit ihres Wohnsitzes ☐
d) an Ihre Krankenkasse ☐
e) an die Industrie- und Handelskammer (IHK) ☐

5. Die Beiträge zur gesetzlichen Sozialversicherung sind der Höhe nach begrenzt. Geben Sie an, durch welchen Begriff die Höchstgrenze korrekt bezeichnet ist, von der Zahlungen an die Sozialversicherung zu leisten sind.

a) steuerliches Existenzminimum
b) Werbungskostenpauschale
c) Versicherungspflichtgrenze
d) Beitragsbemessungsgrenze
e) Grenze der zumutbaren Belastung

6. Geben Sie an, zu welchem Zweig der gesetzlichen Sozialversicherung Sie gemäß Ihrer Entgeltabrechnung keinen Beitrag leisten müssen.

a) gesetzliche Krankenversicherung
b) gesetzliche Rentenversicherung
c) gesetzliche Arbeitslosenversicherung
d) gesetzliche Pflegeversicherung
e) gesetzliche Unfallversicherung

Situation

Leonie Müller, 23 Jahre alt, ist seit einem halben Jahr als Vollzeitkraft bei der Spedition Meier GmbH beschäftigt und entrichtet deshalb Beiträge zur gesetzlichen Krankenversicherung. Zuvor war sie drei Jahre lang bei einem anderen Unternehmen als Auszubildende angestellt. Ihr Verdienst liegt bei etwa 2 000 EUR brutto monatlich.

1. Nennen Sie die zwei Hauptaufgaben, die dieser Zweig der gesetzlichen Sozialversicherungen erfüllen soll.

____

____

____

2. Prüfen Sie unter Beachtung der Begründung, ob Leonie Müller auf eigenen Wunsch aus der gesetzlichen Krankenversicherung ausscheiden kann.

a) nein, weil sie noch nicht 25 Jahre alt ist
b) ja, weil sie bereits für mehr als drei Jahre Beiträge bezahlt hat
c) nein, weil ihr Verdienst unter der Versicherungspflichtgrenze liegt
d) nein, weil sie noch nicht mindestens fünf Jahre Beiträge bezahlt hat
e) ja, weil sie nach derzeitiger Rechtslage bis zu ihrem Renteneintritt noch 44 Jahre Beiträge bezahlen muss

3. Geben Sie an, für welche der folgenden Behandlungen die Krankenkasse von Leonie Müller die Leistung verweigern kann.

a) kieferorthopädische Behandlung wegen einer angeborenen Zahnfehlstellung
b) stationärer Krankenhausaufenthalt wegen einer Blinddarmoperation
c) ambulanter Arztbesuch wegen einer Erkältung
d) Vorsorgeuntersuchung in Bezug auf eine mögliche Krebserkrankung
e) kosmetische Operation für eine Brustvergrößerung

Zusatzaufgabe:

Begründen Sie, warum die Krankenkasse die Leistung verweigert.

4. Leonie Müller hat sich beim Mountainbiken einen Arm gebrochen und ist voraussichtlich fünf Wochen lang arbeitsunfähig. Welche Zahlung erhält sie für die Dauer der Arbeitsunfähigkeit?

   a) Krankengeld von der gesetzlichen Pflegekasse ☐
   b) Entgeltfortzahlung durch die Meier GmbH ☐
   c) Krankengeld von ihrer Krankenkasse ☐
   d) Verletztengeld durch die gesetzliche Unfallversicherung ☐
   e) Krankengeld durch die gesetzliche Rentenversicherung ☐

5. Für welchen Zeitraum wird die Zahlung aus Aufgabe 4. erbracht und wodurch wird diese Leistung ersetzt, wenn Leonie Müller nach sieben Wochen noch immer arbeitsunfähig ist?

Situation

Benjamin Gruber, Auszubildender im 2. Ausbildungsjahr bei der Renner OHG, ist am 28.09. morgens an einer schweren Lebensmittelvergiftung erkrankt. Noch vor Arbeitsbeginn geht er zum Arzt und lässt sich untersuchen. Der Arzt stellt zunächst eine Arbeitsunfähigkeit von einer Woche fest.
Benjamin Gruber muss dann aber wegen eines komplizierten Krankheitsverlaufes vier Wochen im Krankenhaus verbringen. Anschließend ist wegen starkem Gewichtsverlust ein Kuraufenthalt von drei Wochen vorgesehen.

September							
KW	MO	DI	MI	DO	FR	SA	SO
35						1	2
36	3	4	5	6	7	8	9
37	10	11	12	13	14	15	16
38	17	18	19	20	21	22	23
39	24	25	26	27	28	29	30

Oktober							
KW	MO	DI	MI	DO	FR	SA	SO
40	1	2	3	4	5	6	7
41	8	9	10	11	12	13	14
42	15	16	17	18	19	20	21
43	22	23	24	25	26	27	28
44	29	30	31				

November							
KW	MO	DI	MI	DO	FR	SA	SO
44				1	2	3	4
45	5	6	7	8	9	10	11
46	12	13	14	15	16	17	18
47	19	20	21	22	23	24	25
48	26	27	28	29	30		

Gelb markierte Kalendertage sind Feiertage.

1. Stellen Sie mithilfe des nachfolgenden Auszugs fest, wann Benjamin Gruber seinem Arbeitgeber die Arbeitsunfähigkeitsbescheinigung spätestens vorlegen muss (TT.MM.).

Auszug aus dem Manteltarifvertrag:
Eine ärztliche Bescheinigung über die Arbeitsunfähigkeit und deren voraussichtliche Dauer ist dem Arbeitgeber unverzüglich, spätestens aber am dritten Kalendertag der Arbeitsunfähigkeit vorzulegen.

___

2. Geben Sie an, für wie viele Tage Benjamin Gruber einen Anspruch auf Entgeltfortzahlung durch seinen Arbeitgeber für diese Erkrankung hat.

___

3. Bestimmen Sie den Tag (TT.MM.), ab dem die Krankenkasse die Leistung „Krankengeld" erbringen muss.

___

4. Stellen Sie fest, wer die Kosten der Kur trägt.

a) gesetzliche Rentenversicherung ☐
b) gesetzliche Unfallversicherung ☐
c) Bundesagentur für Arbeit ☐
d) die Renner OHG ☐
e) Benjamin Gruber ☐

Situation

Klaus Burger, als Lagerleiter eines Baustoffhandels in Detmold angestellt, ärgert sich monatlich, wenn er seine Gehaltsabrechnung betrachtet: 180 EUR werden alleine als Beitrag zur gesetzlichen Rentenversicherung einbehalten. Er überlegt deshalb, ob dieses Geld nicht besser in einer privaten Altersvorsorge angelegt wäre.

1. Bestimmen Sie, von welchem Betrag diese 180 EUR berechnet werden.

a) vom Betrag des Bruttoverdienstes ☐
b) vom Betrag der Lohnsteuer ☐
c) vom Betrag der Kirchensteuer ☐
d) vom Betrag des Nettoverdienstes ☐
e) vom Betrag, der auf sein Girokonto überwiesen wird ☐

2. Prüfen Sie unter Beachtung der Begründung, ob Klaus Burger aus der gesetzlichen Rentenversicherung austreten kann.

a) ja, wenn er monatlich mindestens 180 EUR in eine private Rentenversicherung einzahlt ☐
b) ja, weil er dadurch das Prinzip der Eigenverantwortung in der gesetzlichen Sozialversicherung erfüllt ☐
c) nein, eine außerordentliche Kündigung ist erst bei Erhöhung des Beitragssatzes zur gesetzlichen Rentenversicherung möglich ☐

d) nein, weil diese 180 EUR die Beitragsbemessungsgrenze der gesetzlichen Rentenversicherung nicht überschreiten ☐
e) nein, weil er gegen Entgelt beschäftigt und deshalb Pflichtmitglied in der gesetzlichen Rentenversicherung ist ☐

3. Geben Sie an, welche Leistung Klaus Burger aus der gesetzlichen Rentenversicherung nicht erwarten kann.

a) eine Rente, wenn er das gesetzliche Rentenalter erreicht ☐
b) die Übernahme der Kosten einer Umschulung, wenn er den bisherigen Beruf nicht mehr ausüben kann ☐
c) die Zahlung von Insolvenzgeld, wenn sein Betrieb überraschend schließen müsste ☐
d) die Übernahme der Kosten einer Anschlussheilbehandlung nach einem Krankenhausaufenthalt ☐
e) eine Rente, wenn er teilweise erwerbsunfähig würde ☐

4. Die gesetzliche Rentenversicherung wird zum großen Teil durch den Generationenvertrag finanziert. Erklären Sie die Bedeutung des Begriffes „Generationenvertrag“.

____

____

____

____

____

____

Situation

Bei der LOG GmbH, einem Unternehmen für Logistikdienstleistungen, ist die Zahl der Aufträge immer weiter gesunken.
Bisher konnten durch den Abbau von Überstunden, durch vorgezogene Fortbildungsmaßnahmen für die Arbeitnehmer und durch Betriebsurlaub Kurzarbeit und Entlassungen vermieden werden. Da sich die Lage noch immer nicht gebessert hat, prüft die Geschäftsleitung verschiedene Maßnahmen.

1. Prüfen Sie, warum die LOG GmbH Kurzarbeit beantragen möchte.

a) weil dadurch Entlassungen vermieden werden können ☐
b) weil dadurch Personal abgebaut werden kann ☐
c) weil dadurch die Zahl der Aufträge wieder steigt ☐
d) weil dadurch Personal eingestellt werden kann ☐
e) weil dadurch neue Kunden gewonnen werden ☐

2. Prüfen Sie, welche Einrichtung ein mögliches Kurzarbeitergeld an die Beschäftigten zu bezahlen hat.

a) die zuständige Berufsgenossenschaft ☐
b) die Dienstleistungsgewerkschaft ver.di ☐
c) die Industrie- und Handelskammer ☐
d) die Behörde für Gewerbeaufsicht ☐
e) die Bundesagentur für Arbeit ☐

3. Einem Mitarbeiter, der seine zweieinhalbjährige Ausbildung gerade beendet hat, soll gekündigt werden. Prüfen Sie, ob dieser Mitarbeiter Anspruch auf Arbeitslosengeld hat.

a) Er hat keinen Anspruch darauf, weil noch nicht mindestens fünf Jahre lang Beiträge zur gesetzlichen Arbeitslosenversicherung bezahlt wurden. ☐
b) Er hat keinen Anspruch darauf, weil die Ausbildung verkürzt worden war. ☐
c) Er hat keinen Anspruch darauf, weil für einen Auszubildenden keine Beiträge zur gesetzlichen Arbeitslosenversicherung gezahlt werden. ☐
d) Er hat Anspruch darauf, weil er eine private Berufsunfähigkeitsversicherung hat. ☐
e) Er hat Anspruch darauf, weil während der Ausbildung Beiträge zur gesetzlichen Arbeitslosenversicherung gezahlt wurden. ☐

Situation

Felix Körber, seit 20 Jahren ununterbrochen in Hamburg als Kraftfahrer beschäftigt, wird bei einem privaten Autounfall so schwer verletzt, dass er auf einen Rollstuhl angewiesen ist. Er benötigt Hilfe beim An- und Auskleiden, Waschen, Baden und Einkaufen. Weil er alleine lebt und keine Kinder hat, kümmert sich täglich ein Mitarbeiter einer Sozialeinrichtung um Felix Körber. Für die Leistungen der Sozialeinrichtung fallen monatlich Kosten in Höhe von 300 EUR an.

1. Prüfen Sie, von welchem Zweig der gesetzlichen Sozialversicherung Felix Körber unter Umständen eine Leistung erhalten kann.

a) gesetzliche Krankenversicherung ☐
b) gesetzliche Rentenversicherung ☐
c) gesetzliche Arbeitslosenversicherung ☐
d) gesetzliche Pflegeversicherung ☐
e) gesetzliche Unfallversicherung ☐

2. Geben Sie an, wie Felix Körber zur Finanzierung dieses Zweigs der gesetzlichen Sozialversicherung beigetragen hat.

a) Er hat die Beiträge allein bezahlt. ☐
b) Er hat keinen Beitrag bezahlt, weil der Arbeitgeber alleine dafür aufkam. ☐
c) Er hat eine Hälfte bezahlt, sein Arbeitgeber die andere Hälfte. ☐
d) Er teilte sich mit seinem Arbeitgeber den Beitrag. Weil er keine Kinder hat, musste er aber mehr bezahlen. ☐
e) Er teilte sich mit seinem Arbeitgeber den Beitrag. Weil er im Freistaat Sachsen arbeitete, musste er aber mehr bezahlen. ☐

3. Prüfen Sie, welche Leistung Felix Körber aus diesem Zweig der gesetzlichen Sozialversicherung <u>nicht</u> erwarten kann.

a) die Übernahme der Kosten für eine Unterbringung in einem Heim während des Urlaubs des Mitarbeiters der Sozialeinrichtung ☐
b) die Übernahme der Kosten für die Vertretung des Mitarbeiters der Sozialeinrichtung, wenn dieser erkrankt ☐
c) die Übernahme der Kosten für die Zahlung einer Zusatzrente an ihn selbst ☐
d) die Übernahme der Kosten für Umbaumaßnahmen in seiner Wohnung für eine selbstständige Lebensführung ☐
e) die Übernahme der Kosten für den notwendigen Rollstuhl ☐

Situation

Die Auszubildende Lena Berg fährt täglich mit ihrem Roller auf direktem Weg zum sieben Kilometer entfernt gelegenen Arbeitsplatz bei einer Spedition. Dafür gewährt ihr Arbeitgeber einen Fahrkostenzuschuss.
An einem Morgen verursacht sie aus Unachtsamkeit einen Verkehrsunfall, bei dem ein Auto beschädigt und sie selbst verletzt wird.

1. Geben Sie an, wann die gesetzliche Unfallversicherung zur Leistung verpflichtet ist.

____

____

____

____

2. Prüfen Sie, welche zwei der folgenden Sachverhalte zutreffend sind.

a) Da sie den Unfall selbst verschuldet hat, muss Lena Berg ihre Behandlungskosten selbst tragen. ☐
b) Die Behandlungskosten übernimmt letztlich die gesetzliche Unfallversicherung, weil Lena Berg sich auf dem direkten Weg zu ihrem Arbeitsplatz befand. ☐
c) Weil ihr Arbeitgeber einen Zuschuss zu den Fahrkosten bezahlt, muss Lena Berg die Behandlungskosten und den Schaden am Auto tragen. ☐
d) Den Schaden am Auto übernimmt die gesetzliche Unfallversicherung, weil es sich um einen Wegeunfall handelt. ☐
e) Den Schaden am Auto muss Lena Berg über ihre Kfz-Haftpflichtversicherung tragen. ☐
f) Den Schaden am Auto übernimmt die gesetzliche Unfallversicherung; die Krankenkasse von Lena Berg übernimmt die Behandlungskosten. ☐

3. Stellen Sie fest, in welchem Fall die Berufsgenossenschaft letztlich die Kosten der Behandlung tragen muss.

a) Ein Besucher der Spedition rutscht auf der Treppe aus und verletzt sich am Rücken. ☐
b) Eine Abteilungsleiterin stürzt während ihres Ski-Urlaubs und bricht sich ein Bein. ☐
c) Eine Mitarbeiterin aus dem Büro lässt sich untersuchen, um die Eignung für einen Bildschirmarbeitsplatz zu prüfen. ☐
d) Ein 17-jähriger Auszubildender begibt sich zur gesetzlich vorgeschriebenen Erstuntersuchung. ☐
e) Ein Mitarbeiter wird im Lager durch eine herabstürzende Schachtel am Kopf verletzt. ☐

4. Lena Berg hat im Rahmen des betrieblichen Unterrichts einige Fragen zur gesetzlichen Unfallversicherung zu klären. An welche direkt zuständige Institution wendet sie sich?

a) an die Berufsgenossenschaft ☐
b) an ihre Krankenkasse ☐
c) an die Bundesagentur für Arbeit ☐
d) an das Staatliche Gesundheitsamt ☐
e) an ihre private Unfallversicherung ☐

5. Prüfen Sie, für welchen Zweig der gesetzlichen Sozialversicherungen der Arbeitgeber alleine die Beiträge aufbringen muss.

a) gesetzliche Krankenversicherung ☐
b) gesetzliche Rentenversicherung ☐
c) gesetzliche Arbeitslosenversicherung ☐

d) gesetzliche Pflegeversicherung ☐
e) gesetzliche Unfallversicherung ☐

6. Informieren Sie Lena Berg, bei welchem Gericht sie Klage erheben müsste, wenn die gesetzliche Unfallversicherung die Zahlung von Verletztenrente verweigert.

a) beim zuständigen Arbeitsgericht ☐
b) beim zuständigen Amtsgericht ☐
c) beim zuständigen Sozialgericht ☐
d) beim zuständigen Finanzgericht ☐
e) beim Bundesverwaltungsgericht ☐

7. Geben Sie an, wie Lena Berg den Schutz aus der gesetzlichen Unfallversicherung sinnvoll durch eine private Versicherung erweitern könnte.

a) durch eine Versicherung, die auch Schäden des Unfallgegners abdeckt ☐
b) durch eine Versicherung, die auch Verluste des Unternehmens durch ihre Krankheit abdeckt ☐
c) durch eine Versicherung, die die Kosten für ihre Behandlung übernimmt ☐
d) durch eine Versicherung, die ihr im Alter eine zusätzliche Rente bezahlt ☐
e) durch eine Versicherung, die auch Schäden durch Unfälle in der Freizeit abdeckt ☐

Arbeitsblatt 10: Datenschutz im Betrieb

Situation

Sarah Knauer hat von Freunden gehört, dass eine Privathaftpflichtversicherung zu den wichtigsten Versicherungen gehört. Um sich beraten zu lassen, hat sie einen Termin in einer nahe gelegenen Versicherungsagentur vereinbart. Als sie ihre Unterschrift unter den Antrag setzen will, weist der Mitarbeiter ausdrücklich auf die „Einwilligungsklausel nach dem Bundesdatenschutzgesetz – BDSG" hin.

Einwilligungsklausel nach dem Bundesdatenschutzgesetz – BDSG (Auszug)

Ich willige ein, dass der Versicherer im erforderlichen Umfang persönliche Daten, die sich aus den Antragsunterlagen oder der Vertragsdurchführung ergeben, zur Beurteilung des Risikos und der Ansprüche an andere Versicherer und den Gesamtverband der Deutschen Versicherungswirtschaft übermittelt. Diese Einwilligung gilt auch unabhängig vom Zustandekommen des Vertrages.

Ich willige ferner ein, dass der Versicherer meine allgemeinen Antragsdaten innerhalb der Unternehmensgruppe in gemeinsamen Datensammlungen führt und an die Vermittler der Unternehmensgruppe weitergibt.

1. Begründen Sie, warum eine Privathaftpflichtversicherung für jeden Menschen unbedingt notwendig ist.

____

____

____

____

____

____

2. Prüfen Sie, welche Handlung des Versicherers Sarah Knauer mit ihrer Unterschrift nicht gestattet.

a) die Speicherung ihrer Daten für die Antragsprüfung ☐
b) die Speicherung ihrer Daten in der gesamten Unternehmensgruppe des Versicherers ☐
c) die Weitergabe ihrer Daten an den Versicherungsvermittler ☐
d) die Weitergabe ihrer Daten an ihren Arbeitgeber ☐
e) die Weitergabe ihrer Daten an andere Versicherer ☐

3. Geben Sie an, welches Recht Sarah Knauer nach dem Bundesdatenschutzgesetz gegenüber dem Versicherer hat.

a) Sie hat das Recht, dass der Versicherer ihre Daten nur anonym speichert. ☐
b) Sie kann mit dem Versicherer vertraglich vereinbaren, dass sie auf Auskünfte zu ihren personenbezogenen Daten verzichtet. ☐
c) Sie kann verlangen, dass der Versicherer ihre personenbezogenen Daten nach Abschluss des Vertrages löscht. ☐
d) Sie kann vom Versicherer verlangen, dass ihre personenbezogenen Daten nach Antragstellung gelöscht werden. ☐
e) Sie hat das Recht zu erfahren, welche personenbezogenen Daten der Versicherer über sie gespeichert hat. ☐

4. Sarah Knauer musste zu Beginn ihrer Ausbildung in der Personalabteilung eine Datenschutzerklärung unterschreiben. Prüfen Sie, wozu diese Erklärung dient.

a) zur Information über die Datensicherungsmaßnahmen des Unternehmens ☐
b) zur Information über die Verwendung ihrer persönlichen Daten im Ausbildungsbetrieb ☐
c) zur Information über die Befugnisse des Datenschutzbeauftragten ☐
d) zur Belehrung über die Schweigepflicht über betriebsinterne Vorgänge ☐
e) zur Bestätigung, dass sie über den Umgang mit personenbezogenen Daten nach dem BDSG belehrt wurde ☐

Situation

Frank Graf, Auszubildender bei der INCO AG, muss sich jeden Tag mit seiner Benutzerkennung beim EDV-System des Unternehmens anmelden, um damit arbeiten zu können.
Die INCO AG hat für die Vergabe der Benutzerkennung folgende Regeln aufgestellt:

Regeln zur Vergabe von Passwörtern

- Das Passwort muss mindestens sechs Stellen und darf maximal acht Stellen lang sein.
- Das Passwort muss mindestens einen Buchstaben und eine Ziffer enthalten.
- Das Passwort darf keine Sonderzeichen und Umlaute enthalten.
- Das Passwort darf nicht mit Monatsabkürzungen (Jan, Feb usw.) beginnen.
- Ein neues Passwort muss an mindestens vier Stellen vom alten Passwort abweichen.

1. Begründen Sie, warum sich Frank Graf immer beim EDV-System anmelden muss.

____

____

____

____

2. Prüfen Sie, welches Passwort Frank Graf verwenden könnte.

a) 438919 ☐
b) Jule1 ☐
c) ELKE22 ☐
d) Junior ☐
e) FrankGraf ☐

3. Geben Sie an, welche Maßnahme für die INCO AG am wenigsten geeignet ist, die Daten des Unternehmens vor unberechtigtem Zugriff zu schützen.

a) Die PC der Mitarbeiter können nur mit einem Schlüssel gestartet werden, der an einem sicheren Ort aufbewahrt werden muss. ☐
b) Die Daten sind auf CD-ROM zu speichern, die nur mit einem Kennwort geöffnet werden können. ☐
c) Programme und Dateien sind mit Kennwörtern zu versehen, die nur dem jeweiligen Nutzer bekannt sind. ☐
d) Die Daten sind auf CD-ROM zu speichern. ☐
e) Die Programme prüfen vor jeder Benutzung die Identität des Nutzers. ☐

4. Frank Graf möchte Daten, die niemand anderem zugänglich sein sollen, auf seinem PC speichern. Prüfen Sie, welches Vorgehen dafür am besten geeignet ist.

a) Er gibt ein Systemkennwort vor. ☐
b) Er schützt das gesamte Anwenderprogramm vor dem Zugriff durch Dritte. ☐
c) Er gibt ein Dateikennwort vor. ☐
d) Er speichert die Datei in einem speziellen Verzeichnis „GEHEIM“. ☐
e) Er speichert die Datei auf einem USB-Stick. ☐

2 Grundlagen des Wirtschaftens

Arbeitsblatt 1: Wirtschaftliche Grundbegriffe

Situation

Die angehende Fachkraft für Lagerlogistik Vanessa möchte sich als geschäftstüchtige Jungunternehmerin mit einem Online-Handel selbstständig machen. „Mit dem Internet können vielfältigste Güter und Dienstleistungen schnell und kostengünstig unter Berücksichtigung des ökonomischen Prinzips bereitgestellt werden, um alle möglichen Bedürfnisarten zu befriedigen", so die Online-Händlerin Vanessa in einem Gründungsgespräch mit einem Bankangestellten bei den Finanzierungsverhandlungen. „Ein guter Ansatz! Und ein besonderes Potenzial für Werbeaktivitäten bieten latente Bedürfnisse, also Bedürfnisse, die unterschwellig vorhanden sind und erst geweckt werden müssen", entgegnet der Bankangestellte. „Sie meinen zum Beispiel die Werbung mit dem Segelschiff und Freunden, durch die der Wunsch nach Freiheit und Abenteuer geweckt werden soll? Das ist raffiniert, denn damit wird in Verbindung mit einem Produkt, z. B. einem alkoholischen Getränk, der Konsument unbewusst zu einer Kaufentscheidung für genau das Konsumgut bewegt", entgegnet Vanessa.

1. Erarbeiten Sie aus dem Gespräch in der Situation oben den Begriff „latente Bedürfnisse" und zeigen Sie an einem Beispiel aus der Werbung auf, was damit gemeint ist.

Latente Bedürfnisse = ____

____

Beispiel: ____

____

2. Ordnen Sie der Bedürfnisart das entsprechende Einteilungskriterium (Oberbegriff) zu. Ergänzen Sie eine weitere Bedürfnisart je Einteilungskriterium.

Mögliche **Einteilungskriterien:**

a) Art der Befriedigung b) Bewusstheit c) Konkretheit d) Dringlichkeit

Weitere Bedürfnisarten (Bedürfnisart 2):

a) immaterielles Bedürfnis b) Individualbedürfnis c) latentes Bedürfnis d) Existenzbedürfnis

	Einteilungskriterium Bedürfnisse nach der ...	Bedürfnisart 1	Bedürfnisart 2
1		offenes Bedürfnis	
2		Kollektivbedürfnis	
3		Kultur- und Luxusbedürfnis	
4		materielles Bedürfnis	

3. Ordnen Sie die Begriffe den Begriffserklärungen zu.
Begriffe: a) Bedarf b) Bedürfnis c) Güter d) Nachfrage

Begriff	Erklärungen
	= Mittel zur Bedürfnisbefriedigung
	= Teil der Bedürfnisse, der mit Kaufkraft versehen ist
	= Kaufentscheidung, die am Markt wirksam wird
	= Mangelgefühl mit dem Wunsch, dieses zu beseitigen

4. Ordnen Sie die Begriffe den richtigen Stellen zu. Tragen Sie dazu die richtigen Ziffern neben die Begriffe ein.

☐ Gebrauchsgüter ☐ Sachgüter ☐ freie Güter ☐ Produktionsgüter ☐ Dienstleistungen

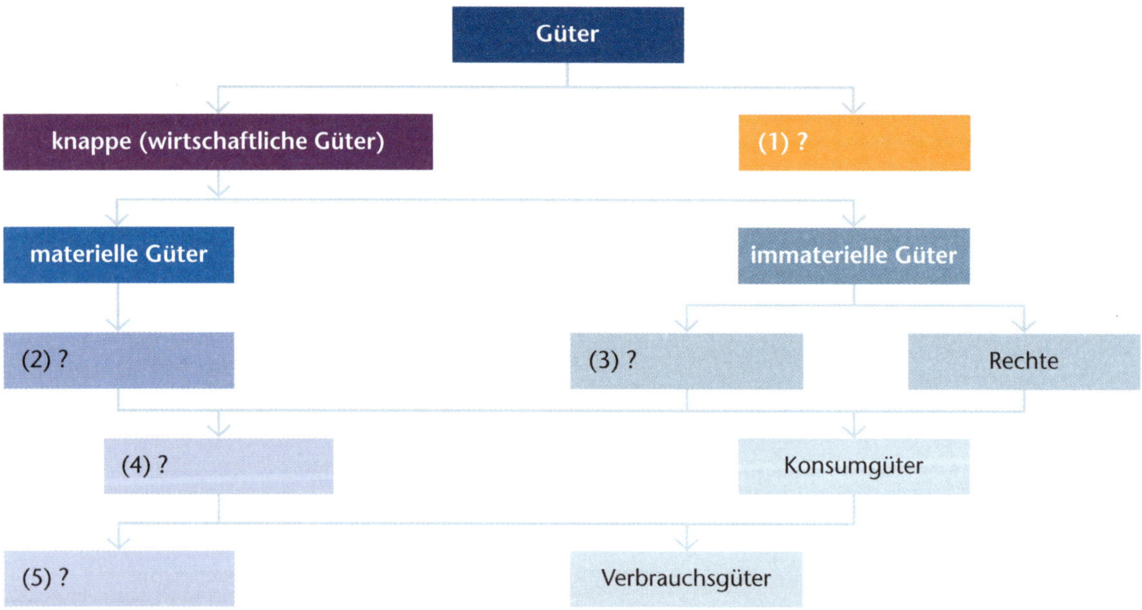

5. Wählen Sie den richtigen Begriff des hervorgehobenen Begriffspaares, indem Sie die falsche Lösung durchstreichen.

a) ***Konsumgüter/Produktionsgüter*** dienen der Bedürfnisbefriedigung des Endverbrauchers, während ***Konsumgüter/Produktionsgüter*** wieder zur Herstellung wirtschaftlicher Güter verwendet werden.

b) ***Gebrauchsgüter/Verbrauchsgüter*** sind nach einmaliger Nutzung „verbraucht", also nicht mehr einsetzbar, während ***Gebrauchsgüter/Verbrauchsgüter*** mehrmals genutzt werden können und sich nur langsam abnutzen.

c) Betrachtet man Güter nach ihrer Beziehung untereinander, so können sie sich gegenseitig ergänzen oder auch ersetzen.
Komplementärgüter/Substitutionsgüter ergänzen sich gegenseitig in der Nutzung, ***Komplementärgüter/Substitutionsgüter*** können sich dagegen gegenseitig ersetzen. Ein Beispiel für ein ***Komplementärgut/Substitutionsgut*** ist Kohle und Erdöl, ein Beispiel für ein ***Komplementärgut/Substitutionsgut*** ist Handy und Festnetzanschluss.

6. Füllen Sie den Lückentext mit den vorgegebenen Begriffen aus.
Maximalprinzip – Erfolg (2x) – Mitteleinsatz (2x) – Minimalprinzip – Bedürfnisse – ökonomisches Prinzip – Zielvorgabe – Güter

Knappe ________________ stehen einer unendlich hohen Zahl ____________________________

gegenüber, sodass wir gezwungen sind, mit den zur Verfügung stehenden Mitteln planvoll und vernünftig zu wirtschaften. Dieses Grundprinzip wirtschaftlichen Verhaltens bezeichnet man als „______________________" oder auch „Rationalprinzip (Vernunftprinzip)", das sich in zwei möglichen Formen erklären lässt:

Mit dem ______________________ soll bei geringstem (minimalem) ______________________ ein vorgegebener ______________ erreicht werden.

Handeln wir nach dem ______________________, soll bei vorgegebenem ______________________ ein größtmöglicher (maximaler) ______________ erreicht werden.

Merke: Die beiden Möglichkeiten dürfen nicht miteinander vermischt werden, weil immer eine ______________________ vorgegeben werden muss.

Falsch wäre also: „Minimaler Mitteleinsatz bei maximalem Erfolg!"

7. Handelt es sich bei den folgenden Beispielen um das Maximal- oder Minimalprinzip? Tragen Sie die richtige Lösung ein (Antworten: Max – Min – falsch).

a)	Für die Versendung von 300 Paketen an Kunden soll der preisgünstigste Versand gesucht werden.	
b)	Die Vertriebsleitung verlangt von ihren fünf Mitarbeitern, einen möglichst hohen Umsatz zu erzielen.	
c)	Die Heizungsanlage der Verwaltungsräume wird so eingestellt, dass mit 5.000 Liter Heizöl möglichst lange geheizt werden kann.	
d)	Die Heizkosten für ein Jahr sollen so stark es geht reduziert werden.	
e)	Die Maschinen der Produktionsanlagen werden mit einer Kapazität gefahren, die den Stromverbrauch so stark wie möglich reduziert.	
f)	Dem Berufsschüler Tim reicht die Jahresnote 3, er lernt deshalb nur das Notwendigste.	
g)	Ein Schreiner schneidet die Teile aus den Möbelplatten so zu, dass er möglichst wenig Verschnitt hat.	
h)	In der Fertigung wurden bei gleicher Herstellungsmenge die Anzahl der Beschäftigten von zehn auf acht verringert.	
i)	Mit einem möglichst geringen Benzinverbrauch möchte eine Touristin mit ihrem Auto so weit wie möglich in Richtung Süditalien fahren.	

Programmierte Aufgaben

1. Die Geschäftsführerin von Vanessas Online-Handel begründet ihren geschäftlichen Erfolg damit, dass sie ganz streng nach dem ökonomischen Prinzip handelt. Stellen Sie fest, in welchem Fall nach dem ökonomischen Prinzip als Maximalprinzip gehandelt wird.

a) Um einen höheren Gewinn zu erzielen, wird der Werbeetat auf einen möglichst niedrigen Betrag gesenkt. ☐
b) Durch Angebotsvergleich wird stets der günstigste Lieferant mit der höchsten Qualität für das Sortiment ausgewählt. ☐
c) Mit dem günstigsten Paketdienst sollen die Versandkosten gesenkt werden. ☐
d) Mit den zwei zur Verfügung stehenden Kommissionierern sollen pro Tag möglichst viele Kundenaufträge abgewickelt werden. ☐
e) Mit sehr hohen Lagerbeständen sollen alle Kundenwünsche befriedigt werden. ☐

2. Prüfen Sie, in welchem Fall die Geschäftsführerin nach dem Minimalprinzip handelt.

a) Die Geschäftsführung stellt ihren Mitarbeitern einen Pausenraum zur Verfügung, um sie besser zu motivieren. ☐
b) Wegen des schnellen Kälteeinbruchs werden für den nächsten Winter bereits jetzt 8.000 Liter Heizöl bestellt. ☐
c) Verschiedene Serviceleistungen werden kostenlos angeboten. ☐
d) Die Warenpräsentationen auf der Homepage sollen möglichst viele Kunden ansprechen. ☐
e) Bei gleicher Kostenvorgabe soll im nächsten Quartal mindestens 5 % mehr Umsatz erzielt werden. ☐
f) Der Einkäufer bestellt für das Sortiment 50 LED-Lampen beim preisgünstigsten Anbieter. ☐

3. Der Hersteller der LED-Lampen stellt täglich rund 800 Gehäuse aus Aluminium her. Welche betriebliche Zielsetzung entspricht dem Minimalprinzip?

a) Mit einem minimalen Einsatz an Aluminium soll eine maximale Menge von Gehäusen gefertigt werden. ☐
b) Mit einem noch vertretbaren Einsatz an Aluminium soll eine maximale Menge von Gehäusen gefertigt werden. ☐
c) Mit der Erhöhung der Produktion soll gleichzeitig auch der Gewinn erhöht werden. ☐
d) Mit einem möglichst geringen Aluminiumeinsatz soll eine bestimmte Menge von Gehäusen gefertigt werden. ☐
e) Mit jeder Erhöhung der Produktion soll auch ein erhöhter Umsatz erzielt werden. ☐

4. Vanessas Online-Handel will auch bei den notwendigen Maßnahmen zur Markteinführung des Unternehmens das ökonomische Prinzip beachten. Prüfen Sie, welche Maßnahme dem Maximalprinzip entspricht.

a) Der Einkäufer ist beauftragt Produkte mit den günstigsten Einkaufspreisen bei höchsten Qualitätsstandards zu beschaffen. ☐
b) Für die Einführungswerbung steht ein Budget von 15.000 EUR zur Verfügung. Das beauftragte Marketing-Unternehmen erstellt ein Werbekonzept, mit dem ein möglichst großer Kundenkreis angesprochen werden soll. ☐
c) Für die Versandabteilung sollen zwei zusätzliche Mitarbeiter eingestellt werden, um die Aufträge zu bearbeiten. ☐
d) Die Geschäftsführerin will grundsätzlich mit möglichst wenig Mitteleinsatz einen maximalen Ertrag erwirtschaften. ☐
e) Die Preise der angebotenen Artikel werden so kalkuliert, dass sie unter den Preisen der Hauptkonkurrenten liegen. ☐

Arbeitsblatt 2: Produktionsfaktoren

Situation

„Für den Aufbau Ihres Online-Handelsbetriebes benötigen Sie nicht nur viel persönliche Zeit, die Sie investieren müssen, sondern auch Lagerflächen sowie finanzielle Mittel für die Geschäftsausstattung", so der Bankangestellte im Gründungsgespräch mit Vanessa, die sich baldmöglichst selbstständig machen möchte. „ Ich weiß", erwidert Vanessa, „aber ich habe in den letzten Jahren viel gespart und konnte sehr viel Fachwissen sammeln, z. B. in EDV. Ich denke, dass ich für die Erstellung von Dienstleistungen die Produktionsfaktoren so nach dem ökonomischen Prinzip kombinieren kann, dass ich am Markt bestehen werde."

1. Informieren Sie sich über die volkswirtschaftlichen Produktionsfaktoren.

a) Ordnen Sie den betrieblichen Beispielen die entsprechenden volkswirtschaftlichen Produktionsfaktoren zu.

b) Kreuzen Sie an, ob es sich um einen ursprünglichen (originären) oder abgeleiteten (derivativen) Produktionsfaktor handelt.

betrieblicher Produktionsfaktor	volkswirtschaftlicher Produktionsfaktor	ursprünglich (originär)	abgeleitet (derivativ)
persönliche Zeit			
Lagerflächen			
Geschäftsausstattung			
Fachwissen			

2. Ergänzen Sie das Mindmap. Verwenden Sie dazu die vorgegebenen Fachbegriffe.

Standortboden – Kapital – Abbauboden – ungelernt/gelernt – dispositiv/ausführend – durch Konsumverzicht – Geldkapital → Sachkapital – ursprünglich (originär) (2x) – Arbeit – Bildung (Know-how) – abgleitet (derivativ) (2x) – geistig/körperlich – zu wirtschaftlichen Zwecken genutzte Natur – selbstständig/nicht selbstständig – Anbauboden

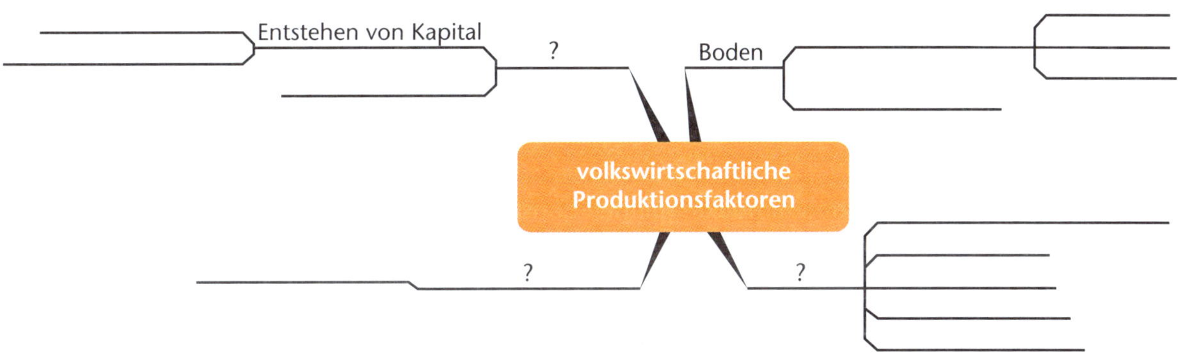

3. Füllen Sie den Lückentext aus, indem Sie die aufgelisteten Begriffe zuordnen.

Kapital – Faktorkombination – Arbeit – Boden – Kapital – Arbeit – Arbeitsproduktivität – Minimalkostenkombination – Substitution

Um Wirtschaftsgüter herstellen zu können, müssen die Produktionsfaktoren ____________________ ____________________ miteinander kombiniert werden. Wird eine bestimmte Gütermenge mit den geringsten Faktorkosten erzeugt, spricht man von der ____________________ ____________________. Erhöhen sich die Kosten für einen Produktionsfaktor, z. B. die Arbeitskosten wegen Tariferhöhungen, so führt dies möglicherweise zu einer anderen ____________________ ____________________. Der Produktionsfaktor ____________________ wird ersetzt durch den Faktor ____________________ in Form eines verstärkten maschinellen Einsatzes. Man spricht dann von der ____________________ eines Produktionsfaktors durch einen anderen. Wird der gleiche Ertrag durch weniger Arbeitseinsatz erwirtschaftet, steigt dadurch die ____________________.

4. Schaubildauswertung: Betrachten Sie das Schaubild und analysieren Sie es nach unten stehendem Schema. Tragen Sie anschließend in die Tabelle ein, ob es sich um eine richtige oder eine falsche Aussage handelt.

(1) Überschrift und Untertitel – Thema?
(2) X-Achse bzw. Horizontale – Zeitraum oder Zeitpunkt?
(3) Y-Achse bzw. Vertikale – Worüber informiert das Schaubild? (Angaben in EUR oder Prozent?)
(4) Welche Entwicklungen, Trends sind erkennbar?
Welche Erkenntnisse kann ich aus diesen Informationen ziehen?
(5) Mit welchen Zahlen kann ich diese Entwicklungen/Erkenntnisse belegen?

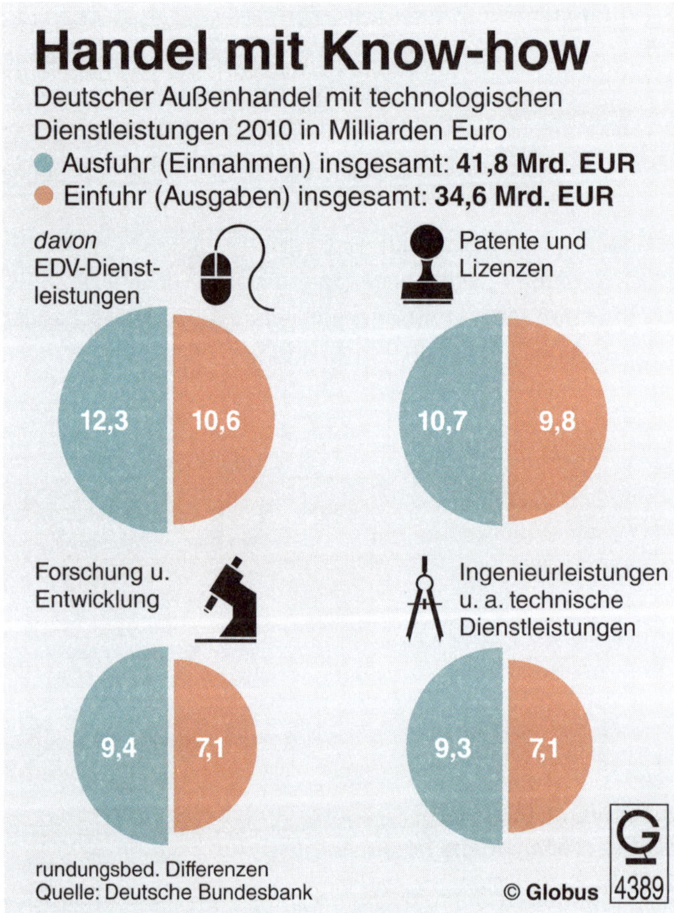

	Aussage (R = richtig, F = falsch)	R/F
a)	Der Handel mit Know-how stieg von 1991 bis 2010 von 34,6 Mrd. EUR um 7,2 auf 41,8 Mrd. EUR	
b)	Die Ausgaben für EDV-Dienstleistungen entsprachen 2010 einem Anteil von 10,6 % an den gesamten Ausgaben für technische Dienstleistungen.	
c)	Die Einnahmen aus der Ausfuhr von Forschungs- und Entwicklungsdienstleistungen entsprachen 2010 einem Wert von 7,1 Mrd. EUR	
d)	Die Einnahmen aus dem Verkauf von technologischen Dienstleistungen überstiegen im Jahr 2010 in allen Teilbereichen wie Forschung und Entwicklung die Ausgaben für den Import derartigen Know-hows.	
e)	Die Ausgaben für die Einfuhr von Patenten und Lizenzen lag 2010 um 0,9 Mrd. EUR unter den Einnahmen für die Ausfuhr.	

5. Der Bau einer Straße ist mit verschiedenen Faktorkombinationen möglich, die in der Tabelle unten aufgelistet sind.

Der Preis für den Produktionsfaktor Arbeit beträgt 45 EUR je Einheit. Der Preis für den Produktionsfaktor Kapital (Maschinen) beträgt 25 EUR je Einheit.

a) Ermitteln Sie die Minimalkostenkombination (Kombination mit den geringsten Faktorkosten).

Lösung: Faktorkombination ________ mit ______________________ EUR Gesamtkosten

b) Welche Faktorkombination müssen Sie wählen, wenn der Produktionsfaktor Arbeit wegen Tarifverhandlungen auf **55 EUR** je Einheit ansteigt?

Lösung: Faktorkombination ________ mit ______________________ EUR Gesamtkosten

c) Wie viel Arbeitseinheiten wurden nun wegen der Verteuerung des Faktors Arbeit durch den Produktionsfaktor Kapital substituiert?

Lösung: ________________ Arbeitseinheiten

Tabelle 1 (Faktorkombinationen mit 45 EUR Arbeitskosten)

Kombination	Arbeit (Einheiten)	Kapital (Einheiten)	Kosten je Einheit Arbeit	Kosten je Einheit Kapital	Gesamtkosten
1	270	150	45	25	
2	210	180	45	25	
3	130	330	45	25	
4	90	420	45	25	
5	70	460	45	25	
6	50	520	45	25	

Tabelle 2 (Faktorkombinationen mit 55 EUR Arbeitskosten)

Kombination	Arbeit (Einheiten)	Kapital (Einheiten)	Kosten je Einheit Arbeit	Kosten je Einheit Kapital	Gesamtkosten
1	270	150	55	25	
2	210	180	55	25	
3	130	330	55	25	
4	90	420	55	25	
5	70	460	55	25	
6	50	520	55	25	

6. Welche **Aussagen** über den volkswirtschaftlichen Produktionsfaktor Kapital sind falsch?

a) Kapital ist die Gesamtheit der von der Europäischen Zentralbank bereitgestellten Geldmenge. ☐
b) Kapital sind die produzierten Produktionsmittel einer Volkswirtschaft. ☐
c) Kapital ist die Geldmenge, die in einer Volkswirtschaft nachfragewirksam eingesetzt wird. ☐
d) Kapital ist das Eigen- und Fremdkapital der Bilanz eines Unternehmens. ☐
e) Kapital steht in unbegrenzter Höhe zur Verfügung. ☐
f) Kapital ist ein abgeleiteter (derivativer) Produktionsfaktor. ☐
g) Kapital entsteht durch Konsumverzicht (Sparen). ☐
h) Kapital ist ein ursprünglicher (originärer) Produktionsfaktor. ☐
i) Die Umwandlung von Geldkapital in Sachkapital bezeichnet man als Investition. ☐

Arbeitsblatt 3: Die Arbeitsteilung

Situation

„Mit meinem Online-Handel möchte ich nicht nur in Deutschland vertreten sein, sondern europaweit, was halten Sie davon?“, so Vanessa zum Außenwirtschaftsbeauftragten der IHK bei einem weiteren Gründungsgespräch. „Ich sehe hier große Chancen, weil der Online-Handel hohes Wachstumspotenzial, insbesondere auch in den südeuropäischen Ländern hat“, antwortet der Außenhandelsfachmann. „Volkswirtschaftlich gesehen bringt es ebenfalls erhebliche Vorteile, wenn der Handel zwischen den Ländern ausgebaut wird. Erstens kann durch Spezialisierung die Qualität der Produkte gesteigert und auch schneller produziert werden, die Arbeitsproduktivität steigt. Zweitens können Länder durch Spezialisierung und Austausch ihrer Produkte für größere Märkte produzieren. Höhere Stückzahlen lassen durch Massenproduktion die Kosten je Stück sinken, die Produkte werden günstiger.“

1. Fassen Sie die Vorteile der verschiedenen Formen der Arbeitsteilung aus der Situation stichwortartig zusammen. Suchen Sie nach weiteren Vorteilen nationaler und internationaler Arbeitsteilung.

____

____

____

____

2. Vervollständigen Sie die Übersicht, indem Sie die Begriffe den Erklärungen zuordnen.

	Begriffe zur Arbeitsteilung		Begriffe zur Arbeitsteilung
a)	volkswirtschaftliche Arbeitsteilung	d)	internationale Arbeitsteilung/Globalisierung
b)	Berufsbildung	e)	betriebliche Arbeitsteilung/Arbeitszerlegung
c)	ursprüngliche Arbeitsteilung	f)	Berufsspaltung

Begriffe	Erklärungen
	Arbeitsteilung zwischen Mann und Frau
	Grundberufe wie Schmied oder Kaufmann entstehen.
	Grundberufe werden weiter in speziellere Berufe untergliedert (Bsp.: Industrie-, Speditions-, Bürokaufmann/-kauffrau).
	Der Arbeitsablauf wird in einzelne Arbeitsschritte aufgeteilt.
	gesamtwirtschaftliche Arbeitsteilung in Produktionsstufen und Wirtschaftsbereiche
	weltweite Arbeitsteilung zwischen den einzelnen Volkswirtschaften

3. Ordnen Sie die folgenden Begriffe richtig in die Tabelle ein: Weiterverarbeitung – Handel – Fischerei – Fischkonservenfabrik – Urerzeugung – Feinkostladen

Wirtschaftssektor	Erläuterung	Beispiel
primärer		
sekundärer		
tertiärer		

4. Werten Sie das Schaubild aus (Vgl. Kapitel 2.2), beantworten Sie anschließend die Fragen und füllen Sie den Lückentext aus.

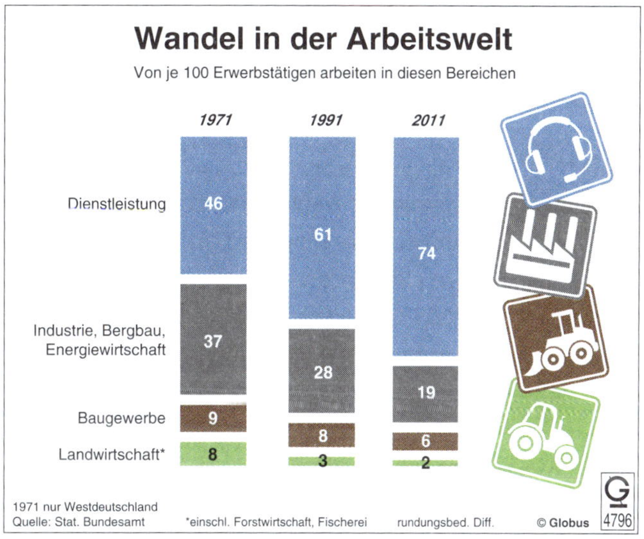

a) Auf welchen Zeitraum bzw. Zeitpunkte bezieht sich das Schaubild?

____

b) Welches Thema behandelt das Schaubild?

Das Schaubild zeigt ______________________________

____

____

c) Was bedeuten die Zahlen 8 und 2 im linken und rechten Balken unten?

Die Zahlen bedeuten, dass im Jahr ______________________________

____

d) Füllen Sie den Lückentext aus!

Der Wirtschaftsbereich ______________________________ spielt die geringste Rolle bei der Erwerbstätigenzahl. Auch in den Wirtschaftsbereichen ______________________________ ______________________________ und im ______________________________ ist ein zahlenmäßiger Rückgang bei den Erwerbstätigen zu erkennen. Ein starker Anstieg ist dagegen im Wirtschaftsbereich ______________________________ zu sehen. Hier stieg die Erwerbstätigenzahl von 1971 mit ______________ je 100 Erwerbstätige bis 2011 auf ______________ je 100 Erwerbstätige. Dies bedeutet in diesem Bereich einen Anstieg um ______________ %. Die Zahlen veranschaulichen ganz deutlich, dass wir uns weiter auf dem Weg von einer Industriegesellschaft in eine ______________________________ -gesellschaft befinden.

5. Werten Sie die beiden Schaubilder „Die Kraftzentren der Weltwirtschaft" und „Globale Handelsströme" aus.

a) Füllen Sie den Lückentext aus.

Mit nur einem Anteil von ______ ________ % an der Weltbevölkerung erwirtschaften die Euro-Länder im Jahr 2009 15,1 % der ______________________ und halten damit einen weltweiten Exportanteil in Höhe von ______ ______________.

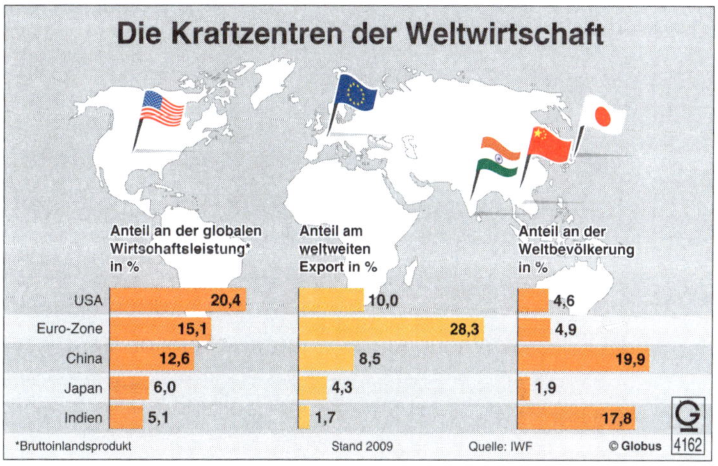

Die Bedeutung Europas im weltweiten Handel ist auch an der Höhe der globalen Handelsströme erkennbar. So erreichte der innereuropäische Warenhandel ______________________, während innerhalb Amerikas der Warenhandel nur ______________________ betrug.

b) Kreuzen Sie die richtigen Lösungen an.
   a) Der Handel innerhalb Europas hat mit 3998 Mrd. US-Dollar das weltweit größte Warenhandelsvolumen. ☐
   b) Russland/GUS exportierte 2010 Waren im Wert von 308 Mrd. EUR nach Europa. ☐
   c) Die Exporte Europas stiegen von 2009 auf 2010 um 12,3 % an. ☐
   d) Der Welthandel findet überwiegend in der Nordhalbkugel statt, die Länder des Südens haben an der Weltwirtschaft nur eine untergeordnete Bedeutung. ☐
   e) Die Importe aus dem afrikanischen Wirtschaftsraum nach Europa liegen weit über dem Wert der exportierten Waren von Europa nach Afrika. ☐

6. Werten Sie das Schaubild „Geteilte Welt" aus und ergänzen Sie den Lückentext.

Geteilte Welt

7 Milliarden Menschen lebten 2011 auf unserer Erde, ____________ davon in den 150 Schwellen- und Entwicklungsländern. Diese Menschen haben aber nur einen Anteil von 52,1 % an der ______________

__________________ und nur __________ % Anteil am Welthandel. Ganz anders die 34 wohlhabenden Industrieländer: Sie stellen 15,0 % der ____, tragen mit __________ % über die Hälfte der Weltwirtschaftsleistung und beherrschen den weltweiten Handel mit einem Anteil von __________ %.

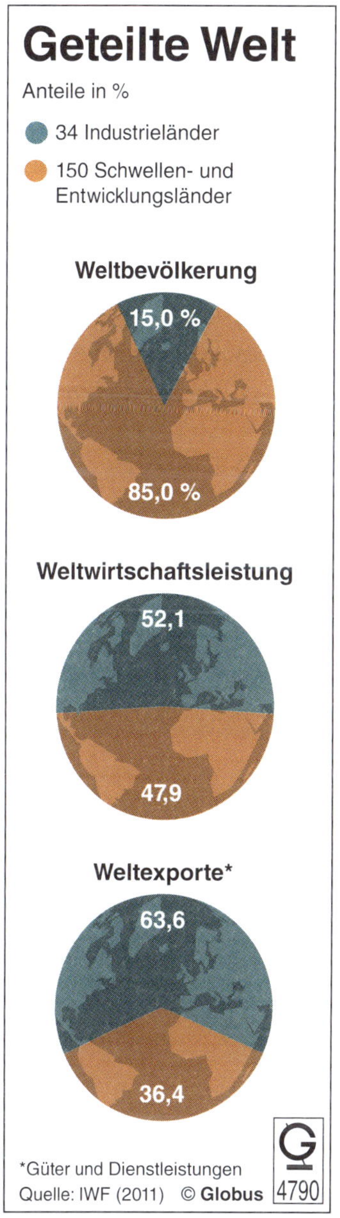

Programmierte Aufgaben

1. Mehrere neue Kunden von Vanessas Online-Handel sind Café-Betreiber. Welchem Wirtschaftszweig sind diese Kunden zuzuordnen?

   a) Handel
   b) produzierendes Gewerbe
   c) Landwirtschaft
   d) Dienstleistungsbereich
   e) Handwerk

2. Zu welchem Sektor gehören die nachfolgenden Unternehmen? Tragen Sie die richtige Ziffer ein.

   Primärer Sektor = 1 Sekundärer Sektor = 2 Tertiärer Sektor = 3

   a) die Mikrotron-Elektronik Großhandels GmbH
   b) Infernion AG Chipherstellung
   c) Lachsinger Fischverarbeitungs AG
   d) Weinanbaubetrieb Rudolf Riesling
   e) Stukkateur-, Maler- und Lackierbetrieb Willi Weißling
   f) Catering- und Partyservice Petra Platte e. K.
   g) Kurt Kiesinger KG – Transporte aller Art
   h) Mineralölraffinerie der BEPI AG
   i) Raiffeisenbank Unter-Oberkandlbach e. G.

3. Für die Bearbeitung der Aufträge wird der Geschäftsführung eine weitere Arbeitszerlegung empfohlen. Prüfen Sie, welche Folgen dies bei der Umsetzung in Ihrem Unternehmen hätte und kreuzen Sie die zutreffende Aussage an.

   a) Die Arbeit des einzelnen Mitarbeiters wird abwechslungsreicher.
   b) Der einzelne Mitarbeiter versteht den betrieblichen Gesamtzusammenhang bei der Auftragsbearbeitung wesentlich besser.
   c) Die gegenseitigen Abhängigkeiten werden geringer.
   d) Einzelne Arbeitsschritte können zweckmäßiger gestaltet werden, wodurch die Arbeitsproduktivität erhöht werden kann.
   e) Die Motivation des einzelnen Mitarbeiters steigt, allerdings sinkt die Arbeitsproduktivität.

4. Die zunehmende Globalisierung hat erhebliche Auswirkungen auf die Weltwirtschaft. Prüfen Sie, welche der nachfolgenden Auswirkungen nicht richtig ist.

   a) Die Bedeutung der Kommunikation über Ländergrenzen hinweg sinkt.
   b) Die Kosten für die Herstellung der Produkte sinken.
   c) Die Transportkapazitäten steigen.
   d) Der Lohnkostenanteil an den Produktionskosten wächst zunehmend.
   e) Die Abhängigkeit von Export und Import wird zunehmend größer.

5. Auch auf Vanessas Online-Handel wirkt sich die Globalisierung aus. Prüfen Sie, welche der Aussagen richtig ist.

a) Der weltweite Einkauf wird durch die Zahlung in Euro erleichtert. ☐
b) Der Export und Import von Waren ist weltweit ohne Beschränkungen möglich. ☐
c) Durch den weltweiten Einkauf kann im Online-Shop eine hohe Warenvielfalt gewährleistet werden. ☐
d) Die Zahlung gerechter Löhne in den Herkunftsländern wird dem Online-Shop auch ohne vorherige Anfrage stets bestätigt. ☐
e) Mit zunehmender Globalisierung müssen sich auch die deutschen Unternehmen auf ein höheres Lohnniveau einstellen. ☐

Arbeitsblatt 4: Wirtschaftskreislauf

Situation

„Wenn Sie Ihren Online-Handel gegründet haben, werden Sie regelmäßig Formulare für alle möglichen Institutionen ausfüllen", so der IHK-Berater. „Und hab ich da auch was davon?", entgegnet die angehende Online-Händlerin Vanessa. „Natürlich, die Daten zeigen Ihnen, wie sich das Wirtschaftsgeschehen entwickelt. Damit werden Zusammenhänge aufgezeigt, die wie in einem Kreislauf nachvollzogen werden können. Und diese Informationen sind auch Ihnen über das Statistische Bundesamt zugänglich!" „Von welchem Kreislauf sprechen Sie?"

1. Ergänzen Sie die Sätze. Verwenden Sie als Hilfestellung die aufgelisteten Silben.

NEHMEN – STRÖME – LAGER – ERSPAR – STRÖME – GELD – STRÖMEN – NAHMEN – HALTE – UNTER – MO – HAUS – DELL – NISSE – GÜTER – HALTUNG – SEKTOREN – AN

a) Werden komplizierte wirtschaftliche Zusammenhänge in einem vereinfachten Abbild wiedergegeben, spricht die Volkswirtschaftslehre von einem ______________________.

b) Bei dem Kreislaufmodell des einfachen Wirtschaftskreislaufes müssen ______________________ ______________________ getroffen werden. Dies sind:

c) Nur zwei Arten von Wirtschaftssubjekten kommen vor, nämlich ______________________ und ______________________.

d) Alle Privathaushalte und alle einzelnen Unternehmen werden zu Gruppen zusammengefasst, man spricht dann von ______________________.

e) Gleichartige Transaktionen (Bewegungen) zwischen den Wirtschaftssubjekten fasst man zu ______________________ zusammen.

f) Grundsätzlich werden zwei Arten von Wertströmen unterschieden: ______________________ ______________________ und ______________________.

g) Die Haushalte geben sämtliches Einkommen für Konsum aus, sie bilden also keine ______________________.

h) Die Unternehmen können alle Produkte absetzen, die sie produzieren, es gibt also keine ______________________.

2. Ergänzen Sie den einfachen Wirtschaftskreislauf, indem Sie die zwei richtigen Bezeichnungen zuordnen.

a) Produktionsfaktoren (Geldstrom)
b) Ersparnisse (Geldstrom)
c) Steuerzahlungen (Geldstrom)
d) Produktionsfaktoren (Güterstrom)
e) Konsumausgaben (Geldstrom)
f) Konsumausgaben (Güterstrom)

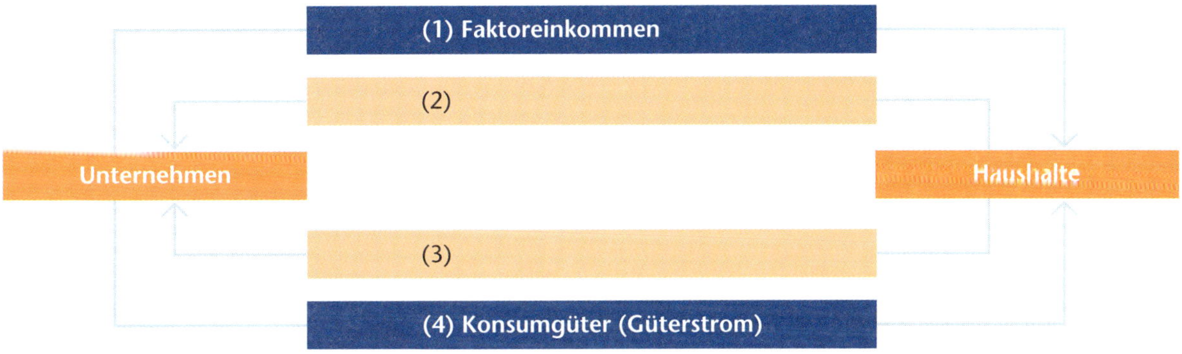

3. Lesen Sie den Infotext und ergänzen Sie die Felder mit den nummerierten Begriffen.

Infotext:

Das Modell des einfachen Wirtschaftskreislaufes mit den beiden Sektoren Haushalt und Unternehmen kann durch den Sektor Banken erweitert werden. Man spricht dann von einer evolutorischen (wachsenden) Wirtschaft. Die Haushalte geben nun nicht mehr ihr ganzes Einkommen für Konsumgüter aus, sondern **(1) SPAREN** einen Teil. Die bei den Banken angelegten Ersparnisse werden den Unternehmen wieder als **(2) KREDITE** (für Investitionen) zur Verfügung gestellt.

Wird das Modell der evolutorischen Wirtschaft mit den beiden Sektoren Staat und Ausland ergänzt, nähert es sich weiter der wirtschaftlichen Realität an und zeigt die grundsätzliche Vorgehensweise in der volkswirtschaftlichen Gesamtrechnung auf. Mit dem Sektor Staat werden die Staatseinnahmen in Form von **(3)+(4) STEUERN, GEBÜHREN UND BEITRÄGEN** von den Haushalten und den Unternehmen erfasst. Die Staatsausgaben werden z. B. als **(5) TRANSFERZAHLUNGEN** an Haushalte (z. B. Kindergeld), **(6) STAATLICHER KONSUM** und staatliche **(7) SUBVENTIONEN** an Unternehmen (z. B. Investitionshilfen) berücksichtigt.
Mit dem Sektor Ausland können auch **(8) EXPORTE** und **(9) IMPORTE** in dem Modell erfasst werden.

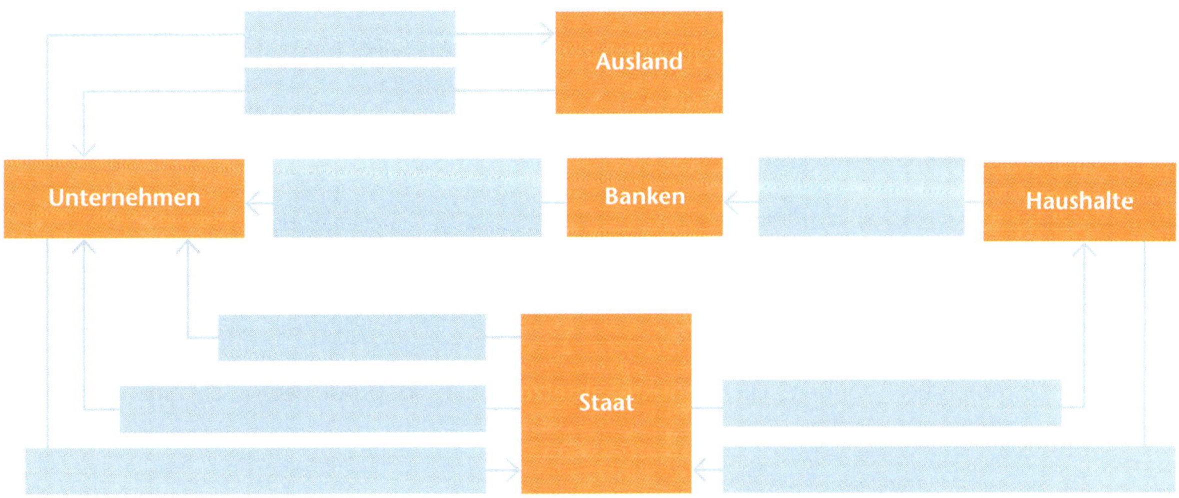

4. Im Modell des erweiterten Wirtschaftskreislaufes fließen folgende Geldströme in Euro:

Faktoreinkommen (Y)	10.000 EUR
Privater Konsum (C)	8.000 EUR
Transferzahlungen (Z)	600 EUR
Subventionen (Z)	700 EUR
Steuern, Gebühren, Beiträge von Unternehmen (T)	1.400 EUR
Steuern, Gebühren, Beiträge von Haushalten (T)	1.200 EUR
Staatlicher Konsum (C)	2.400 EUR
Exporte (Ex)	1.200 EUR
Importe (Im)	900 EUR

Berechnen Sie

a) das gesamte Einkommen der Haushalte,
b) das verfügbare Einkommen der Haushalte,
c) die Ersparnisse der Haushalte,
d) die Sparquote der Haushalte (%-Anteil der Ersparnisse am Einkommen),
e) den Budgetüberschuss oder das Budgetdefizit des Staates,
f) den Außenbeitrag (Exporte – Importe).

Programmierte Aufgaben

1. Welche der wirtschaftlichen Tätigkeiten beschreibt private Haushalte im Modell des einfachen Wirtschaftskreislaufes?
   a) Bereitstellung von Gütern und Dienstleistungen am Markt
   b) Nachfrage von Produktionsfaktoren auf den Faktormärkten
   c) Nachfrage nach Konsumgütern auf dem Konsumgütermarkt
   d) Produktion von Konsumgütern für die privaten Haushalte
   e) Nachfrage nach Produktionsgütern auf dem Produktionsgütermarkt

2. Welche Aussagen über den einfachen Wirtschaftskreislauf sind richtig?
   a) Geldströme fließen im Wirtschaftskreislauf nur von den Haushalten zu den Unternehmen.
   b) Der Gewinn der Unternehmen wird wieder in Lagerbestände reinvestiert.
   c) Der Staat reguliert die Märkte, indem er die Produktionsfaktoren festlegt.
   d) Die Produktionsfaktoren Arbeit, Boden und Kapital sind als Güterstrom vom Haushalt zu den Unternehmen erfasst.
   e) Dienstleistungen werden im Wirtschaftskreislauf nicht erfasst.
   f) Die Geld- und Güterströme verlaufen entgegengesetzt und entsprechen sich wertmäßig.

3. Prüfen Sie, in welcher der nachfolgenden Kombination die Geld- und Güterströme richtig dargestellt sind.

a)	Geldstrom:	Konsumausgaben	**U**	→	**H**
b)	Geldstrom:	Konsumgüter	**U**	→	**H**
c)	Güterstrom:	Faktor Arbeit	**H**	→	**U**
d)	Güterstrom:	Einkommen	**H**	←	**U**
e)	Güterstrom:	Faktor Boden	**H**	←	**U**

4. Ordnen Sie die Nummern der Geld- und Güterströme des einfachen Wirtschaftskreislaufes den wirtschaftlichen Tätigkeiten der Haushalte und Unternehmen in a) bis d) zu.

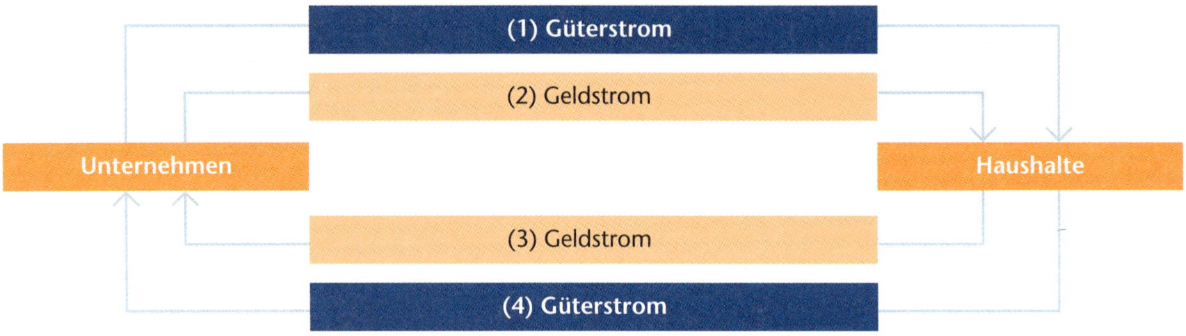

Tätigkeiten:

a) Der Kunde Gerhard überweist den Kaufpreis für die bestellte Ware. ☐
b) Vanessas Online-Shop versendet Ware an den Kunden Gerhard. ☐
c) Julia ist für die Buchhaltung von Vanessas Online-Shop verantwortlich. ☐
d) Julia erhält ihr Gehalt am Monatsende ausbezahlt. ☐

5. Im Modell des erweiterten Wirtschaftskreislaufes finden Sie die wesentlichen Geldströme zwischen den Wirtschaftssubjekten. Kreuzen Sie die Kombination an, in der alle Geldströme richtig zugeordnet sind.

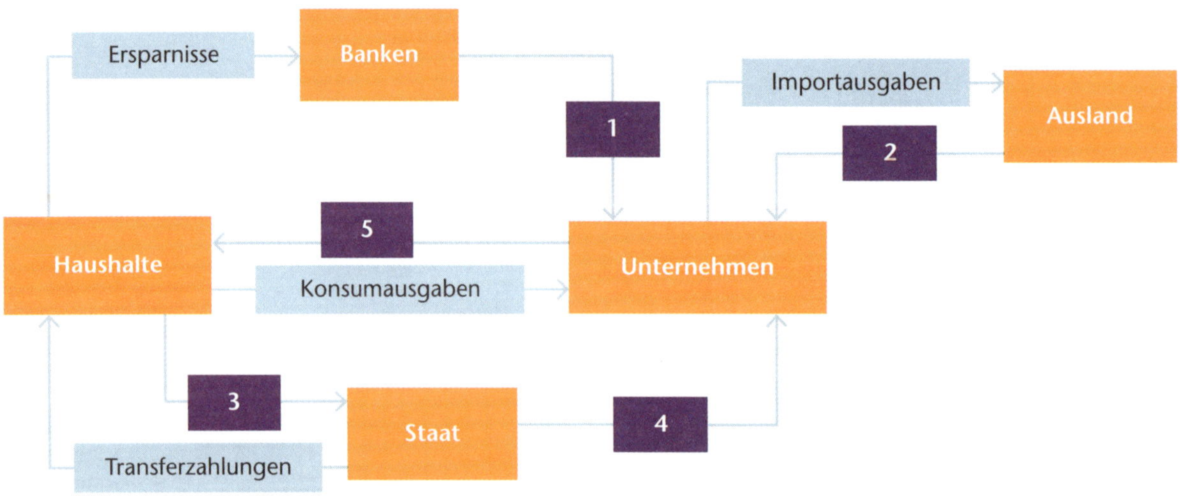

a)	1 Ersparnisse	2 Steuern	3 Steuern	4 Transferleistungen	☐
b)	1 Kredite	2 Exportausgaben	3 Steuern	4 Exporterlöse	☐
c)	1 Ersparnisse	2 Exporterlöse	3 Umsatzsteuer	4 Einkommen	☐
d)	1 Kredite	2 Importeinnahmen	3 Ersparnisse	4 Kredite	☐
e)	1 Kredite	2 Exporterlöse	3 Steuern	4 Subventionen	☐

6. Ordnen Sie die Ziffern der Geldströme aus dem Wirtschaftskreislauf der Aufgabe Nr. 5 den einzelnen beschriebenen Tätigkeiten von Vanessas Online-Handel zu.

a) Vanessa überweist ihre Einkommensteuer-Vorauszahlung an das Finanzamt. ☐
b) Die Stadt München bezahlt eine Rechnung an die Stadtverwaltung für gelieferte Jubiläumsgeschenke durch den Online-Handel. ☐
c) Rechnungen aus einer Lieferung an einen italienischen Kunden wurden an den Online-Handel überwiesen. ☐
d) Der Kommissionierer erhält von der Geschäftsführung eine Bonuszahlung für die herausragenden Leistungen im letzten Monat. ☐
e) Zur Überbrückung einer kurzfristigen Finanzierungslücke nimmt die Geschäftsleitung ein dreimonatiges Darlehen in Anspruch. ☐

7. Im erweiterten Wirtschaftskreislauf haben die drei unten aufgelisteten Geldströme zugenommen.

(1) Unternehmen an Haushalte
(2) Haushalte an Unternehmen
(3) Haushalte an Staat

Was könnte die Ursache für die Veränderung dieser drei Geldströme sein (1 Lösung)?

a) Die Lohnsteuer wurde angehoben. ☐
b) Die Mehrwertsteuersätze wurden gesenkt. ☐
c) Die Beiträge zur Sozialversicherung sind gestiegen. ☐
d) Die Löhne und Gehälter wurden durch neue Tarifverträge angehoben. ☐
e) Die Haushalte haben weniger gespart. ☐

Arbeitsblatt 5: Markt und Preisbildung

Situation

„Der Internet-Handel ist ein schwer umkämpfter Markt. Sie werden mit knappen Preisen kalkulieren müssen, entsprechend niedrig könnte dann auch der Gewinn ausfallen", gibt der Bankangestellte bei seinem Gründungsgespäch mit Vanessa zu bedenken. „Darüber bin ich mir durchaus bewusst", entgegnet die Online-Händlerin, „aber die Internet-Märkte sind so vielfältig, ich finde sicher eine Nische mit Spezialprodukten, mit der ich mir eine gewisse Monopolstellung und damit auch höhere Preise sichern kann."

1. Gestalten Sie eine „Lernübersicht" mit den fehlenden Begriffen zum Thema „Markt". Ordnen Sie dazu die Begriffe dem Schema zu.

Gütermärkte – Nachfrage – Güteraustausch – Preisbildung – Geld- und Kapitalmarkt – Interessenausgleich – Käufermarkt – Faktormärkte – Angebot – Konsumgütermarkt – Investitionsgütermarkt – Verkäufermarkt – Arbeitsmarkt – Immobilienmarkt – Rohstoffmarkt

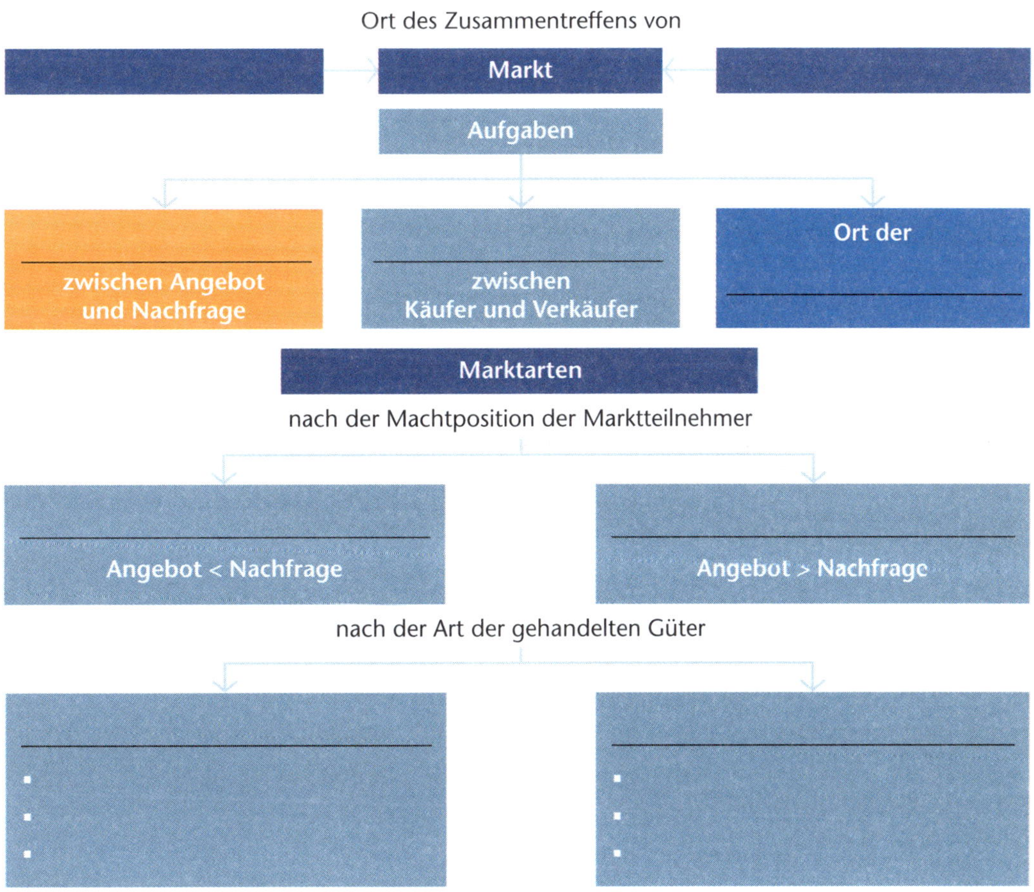

2. Welche Marktart wird jeweils definiert?

Marktbegriffe	Definitionen
	Auf diesem Markt werden Güter gehandelt, die wiederum der Herstellung wirtschaftlicher Güter dienen. Die Güter können Sachgüter (z. B. Verpackungsmaschinen) oder Dienstleistungen (Transportleistungen) sein. Als Nachfrager treten Unternehmen auf, welche die bezogenen Güter zur Erstellung ihrer eigenen Leistung benötigen. Als Anbieter treten hier grundsätzlich nur Unternehmen auf.
	Es handelt sich um einen Markt, auf dem bebaute und unbebaute Grundstücke von Unternehmen und privaten Haushalten angeboten und nachgefragt werden.
	Personen treten als Anbieter auf, die noch keinen Arbeitsplatz haben oder einen neuen Arbeitsplatz suchen. Nachfrager sind private Haushalte, Unternehmen oder der Staat.
	Auf diesem Markt werden Geldmittel (Bargeld, Aktien) gehandelt. Auf dem Geldmarkt können sich Banken, Haushalte und Unternehmen kurzfristig flüssige Mittel beschaffen. Auf dem Kapitalmarkt hingegen werden langfristige Finanzierungsmittel gehandelt.
	Als Nachfrager können grundsätzlich nur die privaten Haushalte, als Anbieter nur Unternehmen auftreten. Die Unternehmen produzieren nicht nur Sachgüter (z. B. Spielwaren), sondern bieten auch Dienstleistungen wie Urlaubsreisen an.
	Auf diesem Markt werden Rohstoffe wie Eisenerz oder Baumwolle gehandelt, die für die Erzeugung und Weiterbearbeitung von Sachgütern benötigt werden.

3. Tragen Sie die entsprechende Marktform in das Kästchen unter den Pfeilen ein.
Verwenden Sie dazu folgende Auswahlmöglichkeiten:

a) Nachfragemonopol b) Angebotsmonopol c) Nachfrageoligopol
d) Angebotsoligopol e) Polypol

Lösungshinweis:
Die zahlenmäßig geringeren Marktteilnehmer (= marktmächtigere Teilnehmer) geben der Marktform jeweils ihren Namen („Nachfrage…" oder „Angebots…").

Marktformen

↓	↓	↓	↓	↓
Pollos = viele	Oligos = wenige		Monos = allein	
viele Anbieter **viele** Nachfrager	**wenige** Anbieter **viele** Nachfrager	**wenige** Nachfrager **viele** Anbieter	**ein** Anbieter **viele** Nachfrager	**ein** Nachfrager **viele** Anbieter

4. Um welche Marktform handelt es sich bei den Beispielen? Tragen Sie die Lösung jeweils in das Feld rechts ein. Verwenden Sie dazu die Auswahlmöglichkeiten der Aufgabe 3.

Beispiele	Marktform
1. Auf der Internetseite www.handy-mobile.de können weit über 50 Handyhersteller miteinander verglichen werden. So können die zahlreichen Kunden das für sie beste Handy schneller finden.	

Beispiele	Marktform
2. Die Microsoft Corporation ist ein multinationaler Softwarehersteller, der seit den 90er Jahren Marktführer bei Betriebssystemen und Office-Anwendungen ist. Im vergangenen Jahr benutzten laut NetApplications rund 92,1 % aller Anwender ein Microsoft-Windows-Betriebssystem.	
3. Die Goldsteig Käserei Bayerwald, die drei Betriebe in Plattling, Cham und Tittling hat, ist eine von sechs Käsereien und Molkereien in Niederbayern und der Oberpfalz. Rund 4.600 Milcherzeuger beliefern die Goldsteig-Produktionsbetriebe mit ca. 720 Millionen kg Milch im Jahr.	
4. Der Markt der Verkehrsflugzeuge mit über 100 Sitzplätzen wird seit der Fusion der beiden amerikanischen Hersteller Boeing und McDonnell Douglas von zwei Anbietern bedient: von Airbus aus Europa und Boeing aus den USA. Diese zwei Hersteller beliefern unter anderem Fluggesellschaften wie Lufthansa und Hapag-Lloyd, aber auch viele kleinere Fluggesellschaften weltweit.	
5. Die B 30 zwischen Oberessendorf und Biberach/Jordanbad soll 3-spurig ausgebaut werden. Die Straßenbauunternehmen werden aufgefordert, ihre Angebote fristgerecht einzureichen. Der Auftraggeber ist die öffentliche Hand, also der Staat.	

Programmierte Aufgaben

1. Ein Artikel, den Vanessas Online-Shop vertreibt, sind Smartphones. Auf welchem Markt wird sie diesen Artikel verkaufen?

   a) Dienstleistungsmarkt ☐
   b) Arbeitsmarkt ☐
   c) Immobilienmarkt ☐
   d) Konsumgütermarkt ☐
   e) Investitionsgütermarkt ☐

2. Wie schätzen Sie den Markt für Druckerpatronen ein?

   a) Es liegt ein Angebotsmonopol vor, weil nur ein Anbieter die Druckerpatronen preisgünstig anbieten kann. ☐
   b) Es handelt sich um ein Nachfrageoligopol, weil nur wenige Unternehmen Druckerpatronen nachfragen. ☐
   c) Es handelt sich um ein Nachfragemonopol, weil nur Vanessas Online-Handel die Druckerpatronen nachfragt und dadurch selbst bestimmen kann, bei wem bestellt wird. ☐
   d) Es handelt sich um ein Polypol, weil vielen Nachfragern von Patronen auch viele Anbieter gegenüberstehen. ☐
   e) Es handelt sich um ein Oligopol, weil nur wenige Nachfrager vielen Anbietern gegenüberstehen. ☐

3. Eine Marktstudie zeigt aktuell auf, dass bei modernen Smartphones nur wenige Hersteller Modelle anbieten, die das Kaufinteresse einer Vielzahl von Personen unterschiedlichster Alters- und Gesellschaftsschichten wecken. Welche Marktform liegt in diesem Falle vor?

   a) Nachfragemonopol ☐
   b) Angebotsmonopol ☐
   c) Angebotsoligopol ☐
   d) Polypol ☐
   e) Nachfrageoligopol ☐

4. Tragen Sie die Ziffer in das Kästchen ein, die die richtige Marktform kennzeichnet. Entnehmen Sie die passende Ziffer aus der Übersicht.

Marktsituation	viele Nachfrager	wenige Nachfrager	ein Nachfrager
viele Anbieter	1	4	7
wenige Anbieter	2	5	8
ein Anbieter	3	6	9

Ziffer:

a) Nachdem ein wichtiger Wettbewerber übernommen wurde, ist ein Angebotsoligopol entstanden. ☐
b) Im Online-Handel findet sich häufig die Marktform des Polypols. ☐
c) Eine weniger häufig zu findende Marktform ist das Nachfrageoligopol. ☐

5. Um die Nachfrage nach verschiedenen Artikelgruppen und die entsprechende Marktmacht von Anbieter und Nachfrager abschätzen zu können, ist es wichtig festzustellen, ob es sich um Käufer- oder Verkäufermärkte handelt. Bei welcher Situation handelt es sich um einen Verkäufermarkt?

a) Das Angebot an Smartphones übersteigt die Nachfrage. ☐
b) Die Nachfrage nach Smartphones ist größer als das Angebot. ☐
c) In der Kommunikationsbranche herrscht starker Wettbewerb. ☐
d) Vielen Verkäufern stehen wenige Käufer gegenüber. ☐
e) Wegen sinkender Nachfrage erhöhen sich die Lagerbestände. ☐

6. Bestimmte Voraussetzungen müssen erfüllt sein, damit man von einem vollkommenen Markt sprechen kann. Prüfen Sie, welcher der nachfolgenden Fälle zu einem unvollkommenen Markt führt.

a) Die angebotenen Güter unterscheiden sich in ihrer Qualität. ☐
b) Anbieter und Nachfrager haben keine zeitlichen oder räumlichen Präferenzen. ☐
c) Die Kunden bevorzugen keinen bestimmten Verkäufer. ☐
d) Anbieter und Nachfrager haben vollständige Markttransparenz. ☐
e) Käufer und Verkäufer reagieren unendlich schnell auf veränderte Marktsituationen. ☐

7. Prüfen Sie, welche Aussage zu den Smartphones die Voraussetzungen des vollkommenen Marktes erfüllt.

a) Lange Lieferfristen der Anbieter beeinflussen die Kaufentscheidungen der Nachfrager. ☐
b) Die angebotenen Smartphones unterscheiden sich sowohl im Aussehen als auch in den Funktionen. ☐
c) Die Nachfrager bevorzugen beim Kauf eines neuen Smartphones den Hersteller ihres Vorgängermodells. ☐
d) Die Nachfrager treffen ihre Kaufentscheidungen nicht nur nach wirtschaftlichen Gesichtspunkten, sondern sie betrachten ihr Smartphone auch als Prestigeobjekt. ☐
e) Die Nachfrager nutzen die Möglichkeit, sich über entsprechende Fachzeitschriften umfassend über die angebotenen Smartphones zu informieren. ☐

8. Welche Aussage entspricht dem Gesetz des Angebots?

a) Mit steigendem Angebot steigt der Preis, mit sinkendem Angebot sinkt der Preis. ☐
b) Mit sinkendem Angebot sinkt der Preis, mit steigendem Angebot bleibt der Preis gleich. ☐
c) Mit steigendem Angebot sinkt der Preis, mit sinkendem Angebot bleibt der Preis gleich. ☐
d) Mit sinkendem Angebot steigt der Preis, mit steigendem Angebot sinkt der Preis. ☐
e) Sinkendes Angebot und steigende Preise räumen den Markt. ☐

9. Ordnen Sie die Ziffern der Grafik „Markt und Preisbildung" den Beschreibungen zu.

☐ Angebotskurve ☐ Gleichgewichtsmenge ☐ Angebotsüberhang
☐ Nachfrageüberhang ☐ Nachfragekurve ☐ Gleichgewichtspreis

Grafik „Markt und Preisbildung"

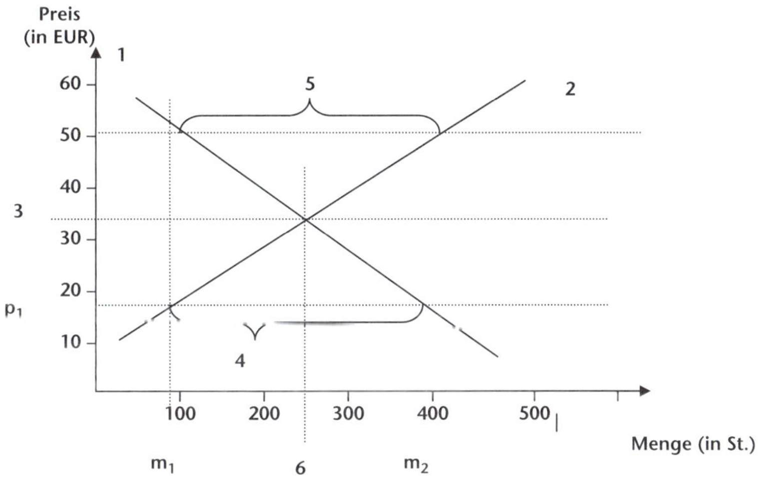

10. Welche Aussage zum Preis p_1 der Grafik „Markt und Preisbildung" ist richtig?

a) Zum Preis p_1 ist die angebotene größer als die nachgefragte Menge. ☐
b) Zum Preis p_1 entspricht die angebotene der nachgefragten Menge. ☐
c) Zum Preis p_1 wird die Menge m_1 verkauft. ☐
d) Zum Preis p_1 findet kein Umsatz statt. ☐
e) Zum Preis p_1 wird die Menge m_2 verkauft. ☐

11. Die abgebildete Grafik zeigt eine Angebots- und Nachfragekurve für Smartphones.
Um wie viel Stück würde sich die Angebotsmenge ändern, wenn der Marktpreis von 100 EUR auf 200 EUR ansteigen würde?

Lösung: __________ St.

Grafik Aufgabe 11

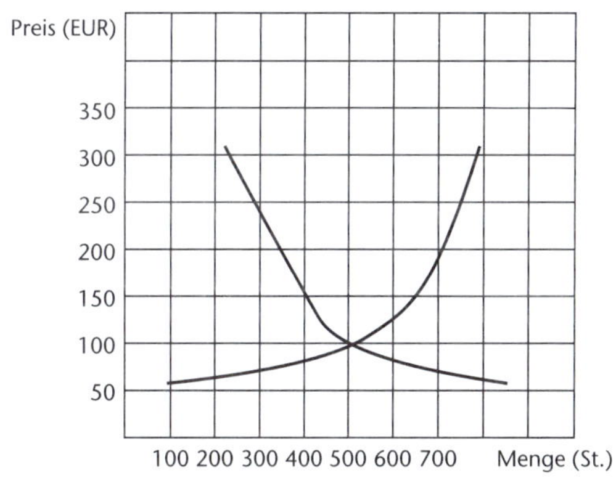

12. Die abgebildete Grafik zeigt, dass auf dem Markt für Smartphones eine Veränderung des Nachfrageverhaltens von N1 nach N2 stattgefunden hat.
Welche Situation kann zu der nebenstehend abgebildeten Verschiebung der Nachfragekurve von N1 zu N2 für das Smartphone führen?

a) Das für das Smartphone nachfragewirksame Einkommen sinkt. ☐
b) Ein kostengünstigeres Produktionsverfahren ermöglicht Preissenkungen. ☐
c) Durch eine hohe Preissteigerungsrate sinkt das reale Einkommen der Nachfrager. ☐
d) Bei einem Konkurrenzprodukt wird der Preis gesenkt. ☐
e) Wegen einer erwarteten Erhöhung der Mehrwertsteuer werden Hamsterkäufe vorgenommen. ☐

Grafik Aufgabe 12

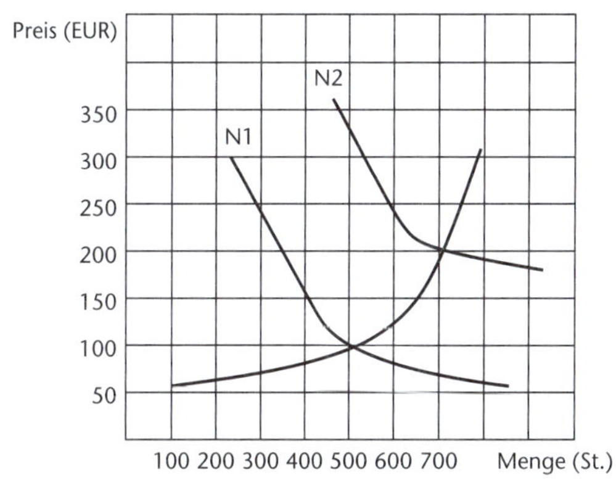

13. Bestimmen Sie aus der Grafik der Aufgabe 12 den neuen Gleichgewichtspreis und die neue Gleichgewichtsmenge, die sich nach der Verschiebung der Nachfragekurve ergeben.

Gleichgewichtspreis: __________ EUR Gleichgewichtsmenge: __________ St.

14. Ergänzen Sie, welche Auswirkungen eine Veränderung des Angebotes und der Nachfrage auf den Preis hat, indem Sie die falsche kursiv geschriebene Antwort durchstreichen.

a) konstante Nachfrage	→ Angebot wird größer	→ Preis *steigt/sinkt*
b) konstantes Angebot	→ Nachfrage wird kleiner	→ Preis *steigt/sinkt*
c) konstante Nachfrage	→ Angebot wird kleiner	→ Preis *steigt/sinkt*
d) konstantes Angebot	→ Nachfrage wird größer	→ Preis *steigt/sinkt*

Arbeitsblatt 6: Soziale Marktwirtschaft in der Bundesrepublik Deutschland

Situation

Vanessa: „Kann ich für meinen Online-Handel auch mit einer staatlichen Förderung rechnen?"

Bankberater: „Bei der Neugründung eines Unternehmens besteht tatsächlich die Möglichkeit staatlicher Förderprogramme. Unsere Wirtschaftsordnung sieht durchaus in bestimmten Fällen ein staatliches Eingreifen in das Wirtschaftsgeschehen vor. Und bei Ihnen geht es um nichts anderes als um Hilfe zur Selbsthilfe – und das ist genau einer der Grundgedanken des politischen Begründers der sozialen Marktwirtschaft."

Vanessa: „Gibt es denn Wirtschaftsordnungen, die so etwas nicht vorsehen?"

Bankberater: „Um diese Frage zu klären, müssen wir uns mit zwei grundsätzlichen Wirtschaftsordnungsmodellen beschäftigen."

Vanessa: „Modelle heißt wahrscheinlich Wirtschaftsordnungen, die es in ihrer Reinform in der Realität nicht gibt, oder?"

Bankberater: „Genau, man spricht hier von idealtypischen Wirtschaftsordnungen, dies sind …"

1. Informieren Sie sich über die beiden idealtypischen Wirtschaftsmodelle der freien Marktwirtschaft (FMW) und der Zentralverwaltungswirtschaft (ZVW) und kreuzen Sie an, welchem Modell das jeweilige Kennzeichen zuzuordnen ist.

Kennzeichen	FMW	ZVW
Das zugrunde liegende Menschenbild ist der Kollektivismus, die Interessen der Gesellschaft stehen also im Vordergrund.		
Grundgedanke ist die freie Entfaltung der Persönlichkeit vor der Staatsgewalt (Liberalismus).		
Der Staat übernimmt die Ausgleichsfunktion des Marktes.		
Auf politischer Ebene wird die Gesellschaftsform des Sozialismus/Kommunismus umgesetzt.		
Grundidee ist die absolute Freiheit des Einzelnen (Individualismus).		
Eine staatliche Planungsbehörde legt die Güterproduktion fest.		
staatliche Preisfestsetzung		
erwerbswirtschaftliches Prinzip (Unternehmen als Gewinnmaximierer und Nachfrager als Nutzenmaximierer)		
Produktionsmittel sind in staatlicher Hand.		
Der Staat greift in keiner Weise in das Wirtschaftsgeschehen ein.		
freie Marktpreisbildung durch Angebot und Nachfrage		

Kennzeichen	FMW	ZVW
Rahmenbedingungen sind Privateigentum, Vertragsfreiheit und Gewerbefreiheit, Freihandel u. a.		
Staat plant und kontrolliert den Einsatz der Arbeitskräfte.		
Es herrscht freier Wettbewerb.		
Verteilung der Güter wird staatlich kontrolliert.		

2. Mit der Umsetzung der jeweiligen Modelle in der Realität, zum Beispiel die freie Marktwirtschaft in Zeiten der Industrialisierung oder die Zentralverwaltungswirtschaft in kommunistischen Staaten, wurden ihre Mängel und die gesellschaftlichen und wirtschaftlichen Folgen sichtbar.

a) Ordnen Sie die jeweiligen Mängel den Wirtschaftsordnungen zu, indem Sie die richtige Wirtschaftsordnung (FMW oder ZVW) ankreuzen.

b) Ordnen Sie anschließend die Mängel den zugehörigen Folgen zu, indem Sie Verbindungspfeile zu den Folgen ziehen.

FMW	ZVW	Mangel
		Marktmacht weniger Großunternehmen steigt durch eine zunehmende Vermögenskonzentration (Monopole und Kartelle entstehen).
		unrealistische Planvorgaben, Bürokratisierung, fehlende Koordinierung der Pläne
		Güterproduktion nur bei Aussicht auf Gewinn
		Überangebot an Arbeitskräften mit geringer Marktmacht gegenüber den Unternehmen

Folgen
Lohnniveau sinkt auf oder unter das Existenzminimum, unzumutbare Arbeitsbedingungen, Kinderarbeit, Massenentlassungen
Kollektivbedürfnisse (Umweltschutz, Bildung usw.) werden nur eingeschränkt berücksichtigt.
Beschränkung des Wettbewerbs verhindert freie Preisbildung.
schlechte Versorgungslage

3. Interpretieren Sie mithilfe des Leitfadens die Karikatur.

Leitfaden zur Interpretation einer Karikatur:

a) Was stellt der Zeichner dar (Thema oder Aussage der Karikatur)?

Das Thema der Karikatur ist ____________________

____

____

____

b) Wie und mit welchen Mitteln wird das Thema dargestellt (zeichnerische Elemente)?

Die dargestellten Figuren sind: ____________________

____

Die Umgebung ist: ______

Die Gegenstände sind: ______

Es werden folgende Symbole benutzt: ______

______

c) Ist aus der Karikatur eine bestimmte Einstellung, Meinung, Deutung des Zeichners erkennbar (Tendenz der Karikatur)?

Der Karikaturist meint: ______

______

______

d) Wie beurteilen Sie die Aussage der Karikatur (eigene Meinung)?

Ich finde die Aussage ______

e) Welche Fragen ergeben sich für Sie aus der Karikatur?

______

______

______

4. Vervollständigen Sie das abgebildete Schaubild, indem Sie die richtigen Begriffe den Nummern zuordnen.
Hochkonjunktur/Boom – Wachstumspfad/Trend – Bruttoinlandsprodukt (BIP) – Tiefstand/Depression – Abschwung/Rezession – Konjunkturzyklus – Aufschwung/Expansion – saisonale Schwankungen – maximale Auslastung/Produktionspotenzial

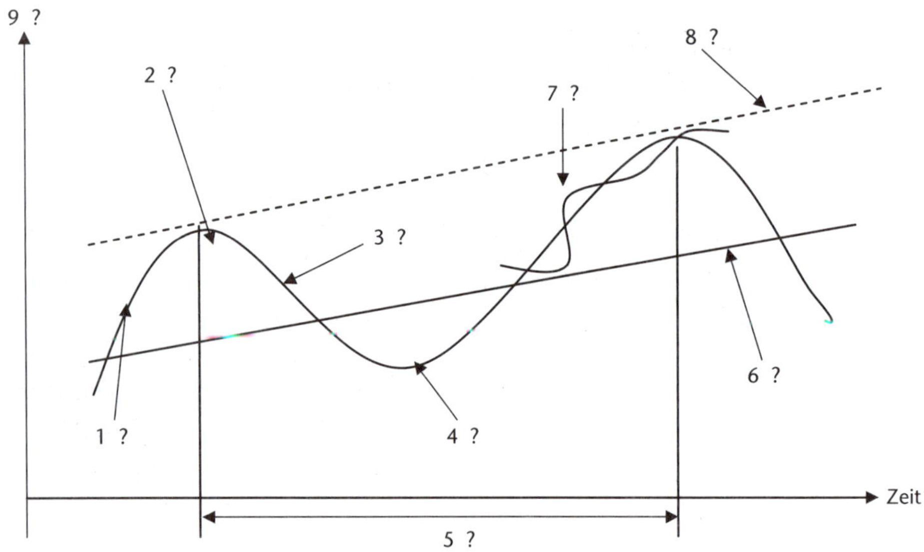

(1) ______ (6) ______

(2) ______ (7) ______

(3) ______ (8) ______

(4) ______ (9) ______

(5) ______

5. Welche Folgen hat es für die „Konjunkturlokomotive", wenn die Bundesregierung in einer Phase der Rezession die Einkommensteuer senkt?

Tragen Sie die aufgelisteten Begriffe ein und streichen Sie bei den kursiv geschriebenen Textteilen die falsche Auswahlmöglichkeit durch.

Gewinne – Arbeitsplätze – Kaufkraft – Investitionen – Nachfrage

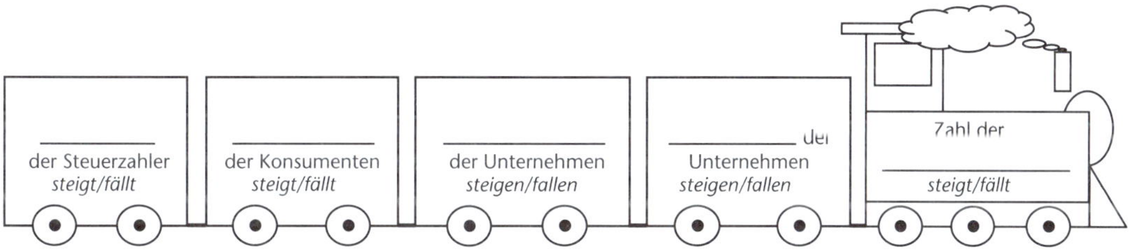

6. Der Wirtschaftsjournalist Niko Pieper interviewt den Experten für wirtschaftliche Entwicklungen Konrad Junktur. Lesen Sie das Interview und bearbeiten Sie Aufgabe a) und b).

a) Beschriften Sie die vier Phasen des Konjunkturzyklus mit den Fachbegriffen.
b) Erfassen Sie in der Tabelle, wie sich die Konjunkturindikatoren in den einzelnen Phasen entwickeln.

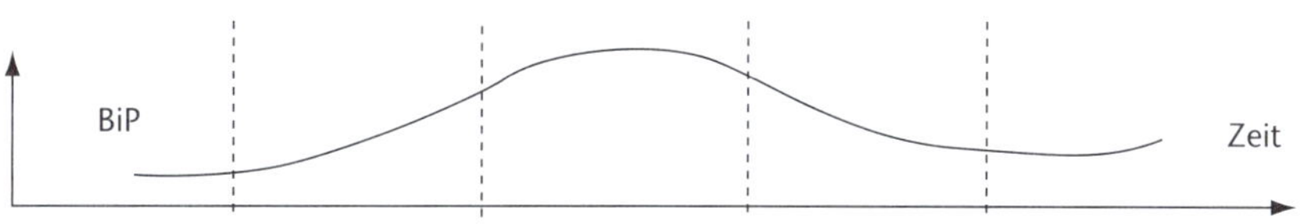

a) Phasenbezeichnung / b) Indikator	?	?	?	?
Stimmung				
Inlandsprodukt				
Kapazitätsauslastung				
Löhne/Preise				
Beschäftigung				
Zinsniveau				
Sparquote				

Interview des Wirtschaftsjournalisten Niko Pieper mit dem Experten Konrad Junktur

Pieper: Sie als Fachmann für konjunkturelle Fragen können mir doch sicher die einzelnen Phasen Ihres Konjunkturzyklus beschreiben. Was ich wissen möchte, ist: Wie geht es Ihnen eigentlich in den einzelnen Phasen und woran erkennt man, in welcher Phase Sie sich gerade befinden?

Junktur: Das ist erstaunlich, wie schnell man mir anmerkt, in welchem Zustand ich mich befinde. So wird meine Stimmung zunehmend optimistisch, wenn ich merke, dass staatliche Förderprogramme greifen und ich in einen Aufschwung hineinstolpere, weil ich mich freue, wenn die Produktion steigt und damit auch die

Kapazitätsauslastung der Maschinen. Ich kann damit mehr Menschen beschäftigen, und deren Einkommen führt wieder zu einer stärkeren gesamtwirtschaftlichen Nachfrage.

Pieper: Damit müsste auch das Inlandsprodukt steigen, oder?

Junktur: Richtig, und dazu kommt noch, dass ich in meinem Übermut weniger spare, messbar an der Sparquote, die dann stark sinkt. Zunächst bleiben auch die Löhne und Preise noch stabil, weil Kapazitäten und Beschäftigte noch ausreichend zur Verfügung stehen, aber wenn ich richtig in Fahrt komme, sind Löhne und Preise auch nicht mehr zu bremsen, weil einfach die Nachfrage größer wird als das zur Verfügung stehende Angebot. Es werden dann auch mehr Kredite nachgefragt und wenn die Sparquote gleichzeitig sinkt, hebt das automatisch die Kosten für Kredite, das bedeutet, dass das Zinsniveau steigt.

Pieper: Und sehr schnell schlittern Sie dann in eine Phase der Hochkonjunktur, nicht wahr?

Junktur: Genau, jetzt sind die Produktionskapazitäten voll ausgelastet, bei den Arbeitnehmern herrscht Voll- bis Überbeschäftigung wegen der Überstunden, und auch das Inlandsprodukt wächst sehr stark.

Pieper: Und das hat wieder die gleichen Folgen auf Löhne und Preise sowie die Zinsen, die jeweils stark ansteigen, alles eine Sache von Angebot und Nachfrage, an sich ganz plausibel.

Junktur: Auch meine Sparquote sinkt weiter wegen der Kauflaune. Aber langsam kippt meine Stimmung, ich werde skeptisch, kann das tatsächlich so weitergehen?

Pieper: Sie werden doch nicht gleich wieder pessimistisch?

Junktur: Im Abschwung ist meine Stimmung tatsächlich so, weil alles wieder den umgekehrten Weg geht. Die Auslastung und die Beschäftigung sinken, mit der Folge, dass das Inlandsprodukt ebenfalls zurückgeht. Der Rückgang der Nachfrage führt zu fallenden oder zumindest stagnierenden, also gleich bleibenden Löhnen und Preisen. Kredite werden nicht mehr nachgefragt, weshalb auch das Zinsniveau sinkt. Meine Angst vor Arbeitslosigkeit und sinkendem Einkommen führt mich deshalb wieder zur alten Tugend des Sparens zurück, die Sparquote steigt wieder stark an.

Pieper: Und Sie sind dann wieder in der depressiven Phase?

Junktur: Muss man da nicht depressiv werden, wenn ich so viele unausgenutzte Produktionskapazitäten mit der entsprechenden hohen Arbeitslosigkeit mit mir herumschleppe? Man spricht sogar von Unterbeschäftigung und Massenarbeitslosigkeit. Keiner kauft mehr etwas, Löhne und Preise fallen in den Keller. Die wirtschaftliche Leistung, gemessen am Inlandsprodukt, und auch das Zinsniveau sind entsprechend niedrig. Nicht zu vergessen die Sparquote, die entsprechend hoch ausfällt.

Pieper: Aber derartig starke Schwankungen sind doch sehr schädlich für eine Volkswirtschaft?

Junktur: Richtig. Deswegen versucht der Staat auch auf mich einzuwirken, um die Schwankungen nicht ausufern zu lassen. Denn wer will schon Massenarbeitslosigkeit oder eine hohe Preissteigerungsrate?

Pieper: Mit welchen Mitteln kann Sie denn der Staat beeinflussen?

Junktur: Das erzähle ich Ihnen ein andermal, jetzt geht's erst mal wieder in den Aufschwung, das darf ich nicht verpassen …

Programmierte Aufgaben

Thema: Wirtschaftsordnungen

1. Wodurch werden im Modell der freien Marktwirtschaft die Marktpreise gebildet?

   a) durch die Kontrollen der Verbraucherzentralen in den einzelnen Bundesländern ☐
   b) durch Richtpreise der Hersteller, die von den Einzelhändlern nur in einer gewissen Bandbreite über- oder unterschritten werden dürfen ☐
   c) durch eine staatliche Preisaufsicht als Kontrollorgan ☐
   d) durch die von den Herstellern einzuhaltende Preisbindung bei Mindestpreisen ☐
   e) durch Wettbewerb zwischen den einzelnen Anbietern und das Nachfrageverhalten der Kunden ☐

2. Wodurch werden die Preise in einer freien Marktwirtschaft nach oben begrenzt?

   a) durch staatliche Preiskontrollen ☐
   b) durch einen funktionierenden Wettbewerb zwischen den Anbietern ☐
   c) durch Preisempfehlungen der Hersteller ☐
   d) durch ein zentrales Preisregister ☐
   e) durch eine ansteigende Versteuerung der Unternehmergewinne ☐

3. Welche drei Merkmale stimmen alle mit dem Modell der freien Marktwirtschaft überein?

   a) Privateigentum an Produktionsmitteln – staatliche Preisfestsetzung – dezentrale Planung und Lenkung ☐
   b) Staatseigentum an Produktionsmitteln – freie Marktpreisbildung – dezentrale Planung und Lenkung ☐
   c) Privateigentum an Produktionsmitteln – freie Marktpreisbildung – zentrale Planung und Lenkung ☐
   d) Privateigentum an Produktionsmitteln – freie Marktpreisbildung – dezentrale Planung und Lenkung ☐
   e) Staatseigentum an Produktionsmitteln – freie Marktpreisbildung – dezentrale Planung und Lenkung ☐

4. In einer freien Marktwirtschaft mischt sich der Staat nicht in das Wirtschaftsgeschehen ein. Welche dieser staatlichen Maßnahmen ist auch im Rahmen einer freien Marktwirtschaft vorgesehen?

   a) Tarifpartner werden von der Regierung aufgefordert, nur geringe Lohnerhöhungen zu vereinbaren. ☐
   b) Die Preisbindung für kulturell förderungswürdige Produkte wird per Bundestagsbeschluss verabschiedet. ☐
   c) Das Privateigentum an Produktionsmitteln wird gesichert. ☐
   d) Landwirtschaftliche Erzeugnisse werden subventioniert, um Grundnahrungsmittel zu sichern. ☐
   e) Strukturschwache Regionen erhalten steuerliche Anreize. ☐

5. Wodurch unterscheidet sich die soziale Marktwirtschaft der Bundesrepublik Deutschland von einer freien Marktwirtschaft (3 Antworten)?

   a) durch das Privateigentum an Produktionsmitteln ☐
   b) durch die Sicherung eines funktionierenden Wettbewerbs ☐
   c) durch die Gewerbefreiheit ☐
   d) durch die Marktpreisbildung über Angebot und Nachfrage ☐
   e) durch staatliche Transferleistungen zur Gewährleistung sozialer Gerechtigkeit ☐
   f) durch Förderung wirtschaftlichen Wachstums ☐
   g) durch staatliche Sparförderung für eine gerechte Vermögensverteilung ☐
   h) durch Sicherung des Freihandels, auch auf Devisenmärkten ☐

6. Welche der nachfolgenden Maßnahmen der Bundesregierung ist typisch für die marktwirtschaftliche Ordnung der Bundesrepublik Deutschland?

a) Sie beschließt Investitionen von Industriebetrieben, um Versorgungsmängel auszugleichen. ☐
b) Sie beschließt Maßnahmen des Verbraucherschutzes. ☐
c) Sie legt die Geldmenge für die nächste Amtsperiode fest. ☐
d) Sie regelt die Höhe von Tarifabschlüssen zwischen Gewerkschaften und Arbeitgebern. ☐
e) Sie verstaatlicht alle Unternehmen, die nicht mehr rentabel arbeiten. ☐

7. Welche der nachfolgenden Aussagen zur sozialen Marktwirtschaft in der Bundesrepublik Deutschland ist richtig?

a) Der Staat plant zentral Produktion und Verteilung der Produktions- und Konsumgüter. ☐
b) Der Staat kann regulierend in das Wirtschaftsgeschehen eingreifen. ☐
c) Der Staat greift nicht in das Wirtschaftsgeschehen ein. ☐
d) Der Staat greift in die Tarifautonomie ein. ☐
e) Auf den Märkten in der sozialen Marktwirtschaft herrscht stets vollkommene Konkurrenz. ☐

8. Die Regierung möchte sozial schwache Bürger besser absichern. Welche der Maßnahmen ist im Rahmen der sozialen Marktwirtschaft möglich und wird diesem Ziel gerecht?

a) Einführung von Höchstpreisen bei Lebensmitteln ☐
b) Erhöhung des Kindergeldes bis zu einer bestimmten Einkommensgrenze ☐
c) Abschaffung des Kinderfreibetrages für Bezieher niedriger Einkommen ☐
d) Einführung eines Höchstlohns für Leiharbeiter ☐
e) Erhöhung des Mehrwertsteuersatzes bei Grundnahrungsmitteln auf 10 % ☐

9. Stellen Sie fest, in welcher Situation eine Wettbewerbsstörung im System der sozialen Marktwirtschaft vorliegt.

a) Um die Staatsausgaben zu finanzieren, wird die Mehrwertsteuer auf 22 % erhöht. ☐
b) Die Bundesregierung verwendet Fördermittel der EU für strukturschwache Regionen in Deutschland. ☐
c) Die fünf größten Kaffeeröstereien vereinbaren gemeinsam Preissteigerungen bei 500-g-Packungen Kaffee „gemahlen“. ☐
d) Die Landesregierung Bayern beschließt, in öffentlichen Museen des Landes freien Eintritt für alle schulpflichtigen Kinder. ☐
e) Ein Lebensmitteldiscounter bietet einen Teil seines Sortiments zu wesentlich niedrigeren Preisen als die Konkurrenz an. ☐

10. In der sozialen Marktwirtschaft übernimmt der Staat eine aktive Rolle, indem er auf die wirtschaftliche Entwicklung einwirkt. Mit welcher Maßnahme würde der Staat gegen die Grundsätze der sozialen Marktwirtschaft verstoßen?

a) Der Staat vergibt öffentliche Aufträge und nimmt dazu Kredite auf (deficit spending). ☐
b) Der Staat fördert zukunftsfähige Branchen, um wünschenswerte Entwicklungen zu steuern. ☐
c) Der Staat hebt die Einkommensteuerfreibeträge an, um die Kaufkraft zu verbessern. ☐
d) Der Staat erlässt ein Verbot für Waffenexporte in Krisenländer. ☐
e) Der Staat verbietet den Umtausch von Euro in Währungen politisch instabiler Länder. ☐

Thema: Wirtschaftspolitische Ziele

11. Im Gesetz zur Förderung der Stabilität und des Wachstums der Wirtschaft (Stabilitätsgesetz von 1967) werden vier Ziele genannt. Stellen Sie fest, welche Ziele dies sind (2 Antworten).

a) Vollbeschäftigung und ein angemessenes Wirtschaftswachstum ☐
b) Preisniveaustabilität und eine gerechte Verteilung der Arbeit ☐

c) Gewinn- und Nutzenmaximierung sowie freie Wechselkurse
d) eine hohe Spar- und Lohnquote
e) Preisniveaustabilität und außenwirtschaftliches Gleichgewicht
f) gerechte Einkommens- und Vermögensverteilung und eine geringe Preissteigerungsrate
g) hohe Rentabilität und Produktivität in den Unternehmen

12. Was ist im „Gesetz zur Förderung der Stabilität und des Wachstums der Wirtschaft" genau festgelegt?

a) Gewerkschaften und Arbeitgeberverbände versuchen, unter Beibehaltung der Tarifautonomie ein hohes Wirtschaftswachstum bei gleichzeitiger Vollbeschäftigung, ausgeglichener Handelsbilanz und geringfügig steigenden Preisen zu erreichen.
b) Die Bundesregierung und die Länder legen jährlich ihre Zielvorgaben fest, in denen Mindestlöhne, Höchstpreise und Exporthöchstgrenzen ein gesamtwirtschaftliches Gleichgewicht gewährleisten sollen.
c) Bund, Länder und Kommunen streben ein stetiges und angemessenes Wirtschaftswachstum an; ein erhöhter Preisanstieg und der Rückgang des Außenbeitrages sind dabei von untergeordneter Bedeutung.
d) Bund und Länder treffen ihre finanz- und wirtschaftspolitischen Maßnahmen so, dass sie im Rahmen der marktwirtschaftlichen Ordnung gleichzeitig zur Stabilität des Preisniveaus, zu einem hohen Beschäftigungsgrad und außenwirtschaftlichem Gleichgewicht bei stetigem und angemessenem Wirtschaftswachstum beitragen.
e) Die Zielsetzung der volkswirtschaftlichen Planung ist Vollbeschäftigung, Steuergerechtigkeit, Preisniveaustabilität, Wirtschaftswachstum und ein außenwirtschaftliches Gleichgewicht unter Berücksichtigung der Tarifautonomie.

13. Welche wirtschaftspolitischen Forderungen ergänzen die im Stabilitätsgesetz genannten Ziele des „magischen Vierecks" zum magischen Sechseck (2 Antworten)?

a) Stabilität des Preisniveaus
b) gerechte Einkommens- und Vermögensverteilung
c) hoher Beschäftigungsgrad
d) außenwirtschaftliches Gleichgewicht
e) stetiges und angemessenes Wirtschaftswachstum
f) Erhaltung einer lebenswerten Umwelt
g) gerechte Verteilung der Arbeit

14. In Deutschland sollten durch das Recht auf Teilzeitarbeit mehr Menschen Arbeitsmöglichkeiten zur Verfügung gestellt werden. Welches Ziel der staatlichen Wirtschaftspolitik nach dem Stabilitätsgesetz wird damit angestrebt?

a) Stabilität des Preisniveaus
b) stetiges und angemessenes Wirtschaftswachstum
c) außenwirtschaftliches Gleichgewicht
d) gerechte Einkommens- und Vermögensverteilung
e) hoher Beschäftigungsstand

15. In welchem Fall liegt ein wirtschaftspolitischer Zielkonflikt vor?

a) Bei steigender Beschäftigung erhöht sich das Wirtschaftswachstum.
b) Bei sinkenden Gehältern sinkt das Preisniveau.
c) Bei steigender Beschäftigung erhöht sich das Preisniveau.
d) Bei rückläufiger Arbeitslosigkeit bleiben die Gehälter stabil.
e) Bei stabilen Preisen erhöht sich das Wirtschaftswachstum.
f) Die Produktivität erhöht sich im Ausmaß der besseren Kapazitätsauslastung.

16. Welche Aussage zum „magischen Viereck" ist richtig?

a) Die vorrangige wirtschaftspolitische Aufgabe des Staates ist es, stets alle vier Ziele des „magischen Vierecks" zu erreichen. ☐
b) Angemessenes Wirtschaftswachstum gewährleistet gleichzeitig auch außenwirtschaftliches Gleichgewicht bei stabilen Preisen. ☐
c) Sind wirtschaftspolitische Maßnahmen einer Volkswirtschaft auf Preisniveaustabilität ausgerichtet, ist Vollbeschäftigung gewährleistet. ☐
d) Sind wirtschaftspolitische Maßnahmen auf Wirtschaftswachstum ausgerichtet, wird Preisniveaustabilität ebenfalls zu erreichen sein. ☐
e) Wirtschaftspolitische Maßnahmen einer Volkswirtschaft, die auf Preisniveaustabilität ausgerichtet sind, können die Arbeitslosigkeit erhöhen. ☐

17. Das sogenannte magische Sechseck beinhaltet Zielkonflikte, die es unmöglich machen, alle sechs Forderungen gleichzeitig zu erreichen. Welche der nachfolgenden Beschreibungen beinhaltet einen derartigen Zielkonflikt und ist in sich schlüssig?

a) Die Erhaltung einer lebenswerten Umwelt durch eine Einschränkung der Produktion erhöht zwar die Arbeitslosenquote, dafür führt dies zu einer gerechten Einkommens- und Vermögensverteilung und zu einem angemessenen Wirtschaftswachstum. ☐
b) Um einen hohen Beschäftigungsstand zu erreichen, muss die Nachfrage nach Konsum-, Investitions- und Exportgütern gesteigert werden. Die daraus resultierenden Nachfrageüberhänge führen dann zu Preissenkungen und die erhöhten Exporterlöse zu außenwirtschaftlichem Gleichgewicht. ☐
c) Maßnahmen zur Erhöhung der Nachfrage gewährleisten zwar das Ziel der Preisniveaustabilität, ein zu hohes Angebot gefährdet jedoch das Ziel eines hohen Beschäftigungsstandes. ☐
d) Um eine lebenswerte Umwelt zu erhalten, sind Investitionen in den Umweltschutz notwendig. Dies vermindert zwar die Arbeitslosigkeit und dient somit dem Ziel eines hohen Beschäftigungsstandes, bei ausgelasteten Kapazitäten könnte jedoch das Ziel der Preisniveaustabilität gefährdet sein. ☐
e) Stetiges, angemessenes Wirtschaftswachstum erfordert eine hohe Produktion mit der Folge eines geringeren Rohstoffverbrauchs mit sinkendem Schadstoffausstoß. Damit ist nicht nur die Stabilität des Preisniveaus, sondern auch die Erhaltung einer lebenswerten Umwelt gefährdet. ☐

Thema: Konjunkturphasen

18. Um die gesamtwirtschaftliche Lage beurteilen zu können, verfolgen Sie im Wirtschaftsteil der Tageszeitung die konjunkturelle Entwicklung. Sie lesen dabei, dass ein Aufschwung bevorsteht. Welcher Fachbegriff wird für einen wirtschaftlichen Aufschwung verwendet?

a) Depression ☐
b) Boom ☐
c) Trend ☐
d) Rezession ☐
e) Expansion ☐
f) Deflation ☐

19. Für eine Einschätzung der zukünftigen Marktentwicklung benötigen Sie verlässliche Messgrößen, die Ihnen frühzeitig Veränderungen anzeigen. Welche der folgenden Messgrößen gelten als sogenannte Frühindikatoren (3 Antworten)?

a) die Lohnentwicklung des verarbeitenden Gewerbes ☐
b) die Inflationsrate ☐
c) die Auftragseingänge des verarbeitenden Gewerbes ☐

d) das Bruttoinlandsprodukt
e) der Konsumklimaindex
f) die Beschäftigtenzahl in den einzelnen Wirtschafsbereichen
g) die Entwicklung des Zinsniveaus
h) der ifo-Geschäftsklimaindex
i) die Höhe des staatlichen Haushaltsdefizits
j) die Arbeitslosenquote

20. In einem vollständigen Konjunkturverlauf werden vier Phasen unterschieden. Ordnen Sie die Ziffern der Fachbegriffe den drei ausgewählten Phasen zu.

(1) Expansion
(2) Depression
(3) Deflation
(4) Inflation
(5) Wachstumspfad
(6) Rezession
(7) Boom

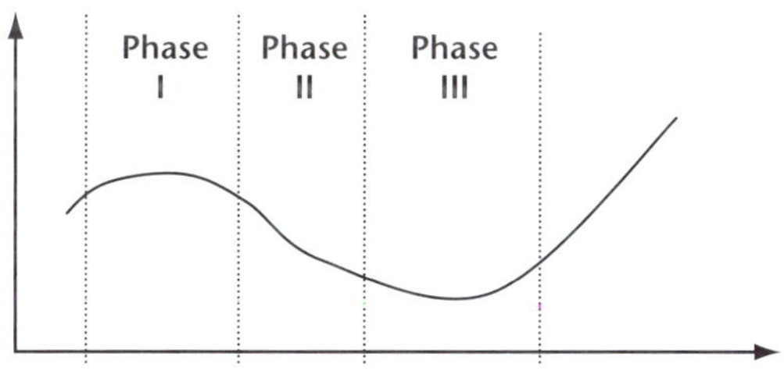

Phase	Fachbegriff
Phase I	
Phase II	
Phase III	

21. Die Geschäftsführerin plant, bei einem konjunkturellen Aufschwung die Investitionen weiter zu erhöhen. Welcher Indikator kann erstes Anzeichen für einen Aufschwung sein?

a) Die Auftragseingänge steigen an.
b) Unternehmensneugründungen werden weniger.
c) Die Anzahl der Insolvenzen in der Volkswirtschaft nimmt zu.
d) Die Steuereinnahmen des Staates gehen zurück.
e) Die Arbeitslosenquote sinkt.

22. Welche der Indikatoren sind typisch für eine Boomphase?

a) Die Kapazitätsauslastung nimmt ab.
b) Die Zinsen sinken stark.
c) Die Gewinne gehen zurück, erste Betriebsschließungen.
d) eher pessimistische Zukunftserwartungen
e) Die Zahl der offenen Stellen geht zurück.
f) Die Gewinne steigen und führen evtl. zu höheren Lohnforderungen.

23. Welche zwei Entwicklungen weisen auf eine wirtschaftliche Aufschwungsphase hin?

a) Die Arbeitslosenquote steigt.
b) Das Zinsniveau sinkt.
c) Die Arbeitslosenquote sinkt.
d) Das Bruttoinlandsprodukt sinkt.
e) Die gesamtwirtschaftliche Nachfrage steigt.
f) Die Lagerbestände steigen.
g) Die Sparquote steigt.

24. Die verschiedenen Konjunkturphasen werden durch bestimmte Verlaufsmerkmale gekennzeichnet. Prüfen Sie, in welcher Zeile die Merkmale richtig beschrieben sind.

a) In der Aufschwungphase fallen in der Regel die Preise, es handelt sich um einen Käufermarkt.
b) In der Depressionsphase werden die Kapazitäten maximal ausgelastet.
c) In der Aufschwungphase steigen Arbeitslosigkeit und Zinsen.

d) Im Boom kommt es in der Regel zu höheren Preisen; es handelt sich um einen Verkäufermarkt. ☐
e) In einer Rezession steigen Löhne und Preise stark an. ☐

25. Prüfen Sie, in welcher Zeile den Entwicklungen von Konjunkturindikatoren die entsprechende Konjunkturphase richtig zugeordnet ist.

Entwicklungen von Konjunkturdaten	Konjunkturphasen	
a) steigende Auftragseingänge und sinkende Preissteigerungsrate bei sinkender Arbeitslosenquote	Rezession	☐
b) Preise und Zinsen steigen stark an und erreichen ein hohes Niveau, die Kapazitäten sind maximal ausgelastet.	Boom	☐
c) geringe Investitionsneigung, unausgenutzte Kapazitäten bei niedriger Arbeitslosenquote	Depression	☐
d) Investitionstätigkeit nimmt zu, die gesamtwirtschaftliche Nachfrage und auch die Arbeitslosenquote steigen.	Expansion	☐
e) Gesamtwirtschaftliche Nachfrage und Beschäftigtenzahlen sinken bei steigender Inflation.	Rezession	☐

26. Welche zwei Entwicklungen weisen auf eine Rezessionsphase hin?

a) Die gesamtwirtschaftliche Nachfrage ist größer als das Angebot. ☐
b) Die Investitionstätigkeit der Unternehmen steigt. ☐
c) Das Bruttoinlandsprodukt sinkt. ☐
d) Die Steuereinnahmen des Staates steigen. ☐
e) Die Sparneigung sinkt. ☐
f) Das Zinsniveau sinkt. ☐

27. Wie müssten sich die folgenden Konjunkturindikatoren in einer Rezession entwickelt haben?

(1) Auftragsbestand (2) Kapazitätsauslastung (3) Preis- und Zinsniveau (4) Arbeitslosenquote

a) 1 bis 4 niedriger als vorher ☐
b) 1 bis 4 höher als vorher ☐
c) 1 bis 3 niedriger als vorher, 4 höher als vorher ☐
d) 1 bis 3 höher als vorher, 4 niedriger als vorher ☐
e) 1 und 2 niedriger als vorher, 3 und 4 höher als vorher ☐

28. In der Tabelle finden Sie Indikatoren für die Phase einer Expansion. Welche Auswirkungen hat eine Phase der Expansion in der Regel auf die Sparneigung?

Produktion	Produktion nimmt zu, zunehmende Kapazitätsauslastung (Neu-Investitionen)
Absatz	Nachfrage steigt; bei den Unternehmen gehen verstärkt Aufträge ein
Preisentwicklung	geringe Preissteigerung; Investitionsgüterpreise steigen stärker als Konsumgüterpreise
Sparneigung	?

a) Die Sparneigung bleibt hoch, weil die Haushalte Rücklagen für schlechte Zeiten bilden. ☐
b) Die Sparneigung bleibt niedrig, denn die Haushalte legen ihr Geld in Sachwerten an. ☐
c) Die Sparneigung nimmt ab, weil die Haushalte eine positive Konjunkturentwicklung erwarten. ☐

d) Die Sparneigung bleibt unverändert hoch, weil sich die Zukunftsaussichten nicht ändern. ☐
e) Die Sparneigung nimmt zu, weil die Haushalte unsichere Zukunftserwartungen haben. ☐

Thema: Staatliche Konjunkturpolitik

29. In den Wirtschaftsnachrichten Ihrer Tageszeitung lesen Sie, dass ein konjunktureller Abschwung von verschiedenen Wirtschaftsinstituten wie dem ifo-Institut in München vorhergesagt wird. Empfehlen Sie der Bundesregierung zwei der unten vorgeschlagenen Maßnahmen.

a) Erhöhung des verminderten Mehrwertsteuersatzes von 7 % auf 10 % ☐
b) Erhöhung der Staatsaugaben für Infrastrukturmaßnahmen wie Straßenbau ☐
c) Verminderung der Sozialhilfesätze um 10 % ☐
d) Verbesserung der Sparförderung, z. B. bei vermögenswirksamen Leistungen ☐
e) Herabsetzung der Einkommensteuersätze ☐
f) Abbau von Subventionen wie Investitionszulagen ☐

30. Um im Falle eines Abschwungs einen sozialen Ausgleich zu sichern, beschließt die Bundesregierung, die direkten und indirekten Einkommensumverteilungsmaßnahmen zu verbessern. Bei welchen zwei Maßnahmen handelt es sich um staatliche Umverteilungspolitik?

a) Der Tarifvertrag der Metallbranche eines Bezirkes wird für allgemeinverbindlich erklärt. ☐
b) Die BAFöG-Sätze für Studenten und Meister-Anwärter werden angehoben. ☐
c) Das Gesetz gegen Wettbewerbsbeschränkungen wird verschärft. ☐
d) Die Regelsätze von Hartz IV werden nach oben angepasst. ☐
e) Die EZB wird angewiesen, den Leitzins um 0,5 % zu senken, damit Banken günstigere Kredite an einkommensschwache Bürger vergeben können. ☐
f) Die Regierung fördert die Versorgung der ländlichen Gebiete mit einem schnellen Internetzugang. ☐

31. Die aktuelle Koalitionsregierung hat sich das Ziel gesetzt, gegen die zunehmende Arbeitslosigkeit Maßnahmen zu ergreifen. Welche der vorgeschlagenen Maßnahmen zielt direkt auf die Reduzierung von Arbeitslosigkeit?

a) Der Einkommensteuer-Spitzensteuersatz wird angehoben, um landwirtschaftliche Subventionen finanzieren zu können. ☐
b) Der Bildungsetat wird um 2 Mio. EUR gekürzt. ☐
c) Qualifizierungs- und Eingliederungsmodelle für Jugendliche ohne Ausbildungs- und Erwerbsmöglichkeit werden finanziell verstärkt gefördert. ☐
d) Das Kindergeld wird für das zweite und dritte Kind angehoben, um sozial schwachen Familien mehr Bildungschancen zu eröffnen. ☐
e) Die Besteuerung von Unternehmensgewinnen wird erhöht, um mehr finanzielle Mittel für einen möglichen konjunkturellen Abschwung zur Verfügung zu haben. ☐

32. Sie sprechen mit einem Azubi Ihres Unternehmens über Möglichkeiten staatlicher Konjunkturpolitik. Mit welchem Beispiel beschreiben Sie ihm eine Maßnahme der Einnahmenpolitik, die der Ankurbelung der Konjunktur dienen soll?

a) Senkung des Kinderfreibetrages ☐
b) Erhöhung des Umsatzsteuersatzes um 3 % ☐
c) Erhöhung staatlicher Investitionen in Infrastrukturmaßnahmen wie Krankenhäuser ☐
d) Verschärfung behördlicher Umweltschutzauflagen ☐
e) Senkung des Eingangs- und des Spitzensteuersatzes bei der Einkommensteuer ☐

33. In welchem Fall wird die Bundesregierung im Rahmen der Einnahmenpolitik des Staates tätig?

a) Zur Überwindung einer Rezession senkt die Bundesregierung die Lohn- und Einkommensteuer um 10 %. ☐
b) Die Bundesregierung vermindert in einer Phase des Booms die Ausgaben für öffentliche Investitionen. ☐
c) Die Bundesregierung gewährt in einer Rezession weitere Investitionszulagen für Unternehmen. ☐
d) Die Bundesregierung beschließt Agrarsubventionen speziell für Umweltschutzmaßnahmen und nachhaltige Bewirtschaftung. ☐
e) In der Hochkonjunktur plant die Bundesregierung, einen zusätzlichen Schuldenabbau vorzunehmen. ☐

34. Die Regierung plant, die Konjunktur anzukurbeln. Welche der Maßnahmen ist dafür geeignet?

a) Anhebung der Mineralölsteuer ☐
b) Senkung der Staatsausgaben für öffentliche Investitionen ☐
c) Senkung der Einkommensteuersätze ☐
d) Verschlechterung der Abschreibungsmöglichkeiten für die Industrie ☐
e) Einführung von Ausfuhrzöllen für Maschinenbau-Produkte ☐

35. Die Regierung senkt die Einkommensteuersätze. Stellen Sie fest, um welches Instrument der staatlichen Konjunkturpolitik es sich hierbei handelt und in welcher Konjunkturphase die Regierung diese Maßnahme ergreifen sollte.

a) Einnahmenpolitik in einer Boomphase ☐
b) Ausgabenpolitik in einer Phase der Expansion ☐
c) Einnahmenpolitik in einer Abschwungphase ☐
d) Ausgabenpolitik in einem Boom ☐
e) Ausgabenpolitik in einer Rezession ☐

36. In welchem Fall liegt eine antizyklische fiskalische Maßnahme vor?

a) In einer Depression wird eine Konjunkturausgleichsrücklage für die nächste Aufschwungphase gebildet. ☐
b) In einer Aufschwungphase werden die steigenden Staatseinnahmen wieder in Konjunkturförderprogramme investiert. ☐
c) In einer Boomphase stehen hohe Steuereinnahmen für zusätzliche Staatsaufträge zur Verfügung. ☐
d) In einer Boomphase werden Steuervergünstigungen abgebaut. ☐
e) In einer Abschwungphase werden fehlende Steuereinnahmen mit sinkenden Staatsausgaben ausgeglichen. ☐

37. Die Bundesregierung plant die Wiedereinführung der degressiven Abschreibung und höhere Abschreibungssätze. Wie wirkt sich die Maßnahme auf das Verhalten der Wirtschaftssubjekte aus?

a) Die Unternehmer werden weniger investieren, weil sie weniger Steuern sparen. ☐
b) Die Unternehmer werden andere Möglichkeiten der Abschreibung wählen, um die höhere Besteuerung wieder auszugleichen. ☐
c) Diese Maßnahme wird die Investitionstätigkeit anregen, weil die Unternehmen dadurch weniger Steuern zahlen. ☐
d) Auf die Investitionstätigkeit hat dies keinen Einfluss, weil die Unternehmen auf andere Steuersparmodelle zurückgreifen werden. ☐
e) Die Investitionstätigkeit wird nicht beeinflusst, weil dies keine Auswirkungen auf den Konsum hat. ☐

38. Als Azubi vor der Prüfung erklären Sie den anderen Azubis im Rahmen der Prüfungsvorbereitung mögliche konjunkturpolitische Maßnahmen des Staates bei unterschiedlichen Ausgangssituationen. Bei welchen zwei Beispielen wurde die jeweils richtige Maßnahme zur Situation gewählt?

a) Situation: Geringe Binnennachfrage bei schwacher Konjunktur ☐
Maßnahme und Zielsetzung: Mit einer höheren Lohn- bzw. Einkommenssteuer soll die private Nachfrage angeregt werden.

b) Situation: Fehlende Investitionsbereitschaft bei schwacher Konjunktur ☐
Maßnahme und Zielsetzung: Mit einer Verbesserung der Abschreibungsmöglichkeiten soll die Investitionsbereitschaft der Unternehmen angeregt werden.

c) Situation: Hochkonjunktur ☐
Maßnahme und Zielsetzung: Mit erheblicher Kürzung der Staatsausgaben und gleichzeitigem Schuldenabbau soll versucht werden, auf die Konjunktur dämpfend einzuwirken.

d) Situation: Schwache Konjunktur mit einer leichten Aufschwungphase ☐
Maßnahme und Zielsetzung: Mit einer vorsichtigen Anhebung des Mehrwertsteuersatzes soll der Konjunkturaufschwung weiter gefördert werden.

e) Situation: Schwache Binnen- und Auslandsnachfrage ☐
Maßnahme und Zielsetzung: Mit niedrigeren Abschreibungssätzen und geringeren Steuerfreibeträgen soll die Investitionsbereitschaft als auch die private Nachfrage angeregt werden.

39. Im Euro-Raum stagniert die Konjunktur. Die EZB senkt deshalb den Leitzins um 0,5 %. Die Regierung entscheidet, konjunkturpolitische Unterstützungsmaßnahmen zu ergreifen. In welcher Zeile wirken <u>alle drei</u> Maßnahmen konjunkturfördernd?

Einkommensteuersätze	staatliche Nachfrage	Abschreibungssätze	
a) senken	senken	senken	☐
b) senken	erhöhen	senken	☐
c) erhöhen	senken	erhöhen	☐
d) senken	senken	erhöhen	☐
e) senken	erhöhen	erhöhen	☐

Arbeitsblatt 7: Der Betrieb in der Gesamtwirtschaft

Situation

Der IHK-Berater und die Unternehmensgründerin Vanessa in einem weiteren Beratungsgespräch:

Berater: Eines der wichtigsten Instrumente der Unternehmensführung ist das Setzen von Zielen, denn nur wenn Sie wissen, wohin Sie wollen, können Sie entsprechend lenken.

Vanessa: Über das erwerbswirtschaftliche Prinzip haben wir ja schon gesprochen. Sie meinen erwerbswirtschaftliche Ziele wie Gewinnmaximierung oder Kostensenkung, oder?

Berater: Genau, je nach Unternehmensart unterscheidet man dann auch noch genossenschaftliche und gemeinwirtschaftliche Ziele. Aber kommen wir wieder auf Sie zurück: Bei den klassischen Unternehmenszielen erwerbswirtschaftlicher Betriebe unterscheidet man ja vier Zielbereiche. Neben den ökonomischen Zielen wie eben angesprochen werden noch ökologische und soziale Ziele sowie Sachziele unterschieden.

Vanessa: Mit Sachzielen meinen Sie den Unternehmenszweck, also zum Beispiel „Verkauf von Elektronikbauteilen an Wiederverkäufer".

Berater: Damit Sie Ihre Unternehmensziele erreichen, müssen Sie Ihre betriebswirtschaftlichen Produktionsfaktoren optimal kombinieren.

Vanessa: Wodurch unterscheiden sich betriebswirtschaftliche von volkswirtschaftlichen Produktionsfaktoren?

Berater: Auf betrieblicher Ebene wird noch genauer differenziert. Statt dem Kapital spricht man jetzt von Werkstoffen und Betriebsmitteln, der Faktor Arbeit wird in ausführende und leitende Arbeit unterschieden. Außerdem müssen Sie den Unternehmensaufbau so organisieren, dass Sie entsprechend Ihrer Ziele optimale Ergebnisse erreichen.

Vanessa: Das hört sich sehr theoretisch an. Wie kann ich „optimale Ergebnisse" messen?

Berater: Hier helfen Ihnen betriebliche Kennzahlen wie Rentabilität, Wirtschaftlichkeit und Produktivität. Im Branchen- oder Zeitvergleich geben Ihnen diese Zahlen Auskunft, wie Sie aktuell stehen.

Vanessa: Diese Kennzahlen müssten wir noch gemeinsam durchrechnen. Auch über meinen zukünftigen Standort möchte ich noch mit Ihnen sprechen.

Berater: Im klassischen Handel wäre die Frage des Standorts von zentraler Bedeutung, bei Ihnen im Online-Handel ist dies nicht so entscheidend. Trotzdem müssen einige Kriterien in unsere Überlegungen einbezogen werden …

1. Informieren Sie sich in dem Beratergespräch über betriebliche Zielsetzungen und vervollständigen Sie die Übersicht.

betriebliche Zielsetzungen nach Unternehmensarten

______ Ziele	______ Ziele	______ Ziele
Bsp: Gewinn- und Umsatzmaximierung, Kostensenkung	Bsp: Bedarfsdeckung, soziale Sicherheit der Bevölkerung	Bsp: Förderung ihrer Mitglieder (Solidaritätsgedanke)

2. Ordnen Sie den Beispielen für betriebswirtschaftliche Produktionsfaktoren die Oberbegriffe zu. Informieren Sie sich dazu im Beratergespräch der Situation.

Betriebswirtschaftliche Produktionsfaktoren

______	______	______ Arbeit	______ Arbeit
Roh-, Hilfs- und Betriebsstoffe	Lagerhalle, Transportmittel, PCs	Sachbearbeiter, Lagerist	Geschäftsführung

3. Ordnen Sie dem Zielsystem von Vanessas Online-Handel die fehlenden Begriffe zu, indem Sie die Ziffern der zugehörigen Begriffe eintragen.

Unternehmensziele von Vanessas Online-Handel

(1)	wirtschaftliche Ziele	(2)	(3)
Internet-Handel mit Waren aller Art	→ Kostenminimierung → Gewinnmaximierung → (4) → Wirtschaftlichkeit	→ Recycling → (5) → Verpackungsmaterial einsparen	→ fairer Lohn → (6) → familienfreundliche Arbeitszeiten

Begriffe	Ziffer
humane Arbeitsplatzgestaltung	→ ______
soziale Ziele	→ ______
Rentabilität	→ ______

Begriffe	Ziffer
Sachziel	→ ______
Nachhaltigkeit	→ ______
ökologische Ziele	→ ______

4. Um mithilfe von Kennzahlen betriebliche Entwicklungen einschätzen zu können, müssen Sie sich über den Inhalt und die Berechnung der einzelnen betrieblichen Kennzahlen informieren. Ordnen Sie dazu den Beschreibungen die richtige Kennzahl und ihre Berechnungsformel zu.

Kennzahlen: Rentabilität | Wirtschaftlichkeit | Produktivität

Formeln:

$\frac{\text{Gewinn}}{\text{eingesetztes Kapital oder Umsatz}}$

$\frac{\text{Ausbringungsmenge}}{\text{Einsatzmenge}}$ oder $\frac{\text{Output}}{\text{Input}}$

$\frac{\text{Ertrag}}{\text{Aufwand}}$ oder $\frac{\text{Leistungen}}{\text{Kosten}}$

Kennzahl	Beschreibung	Formel
	= technische oder mengenmäßige Ergiebigkeit eines Produktionsvorgangs	
	= wertmäßige Leistung bezogen auf den Wert der eingesetzten Produktionsfaktoren (Menge × Preis)	
	= Gewinn wird in ein prozentuales Verhältnis zum eingesetzten Kapital oder Umsatz gesetzt.	

5. Nach neun Monaten betrieblicher Tätigkeit stehen erste Ergebnisse zur Verfügung. Ermitteln Sie zunächst die jeweiligen Kennzahlen und ergänzen Sie dann die Antwortsätze, indem Sie die falsche Lösung durchstreichen.

a) Berechnen Sie den Anstieg der Versandaufträge und die Arbeitsproduktivität.

Quartal	Beschäftigte der Versandabteilung	abgewickelte Versandaufträge	Veränderung in Stück	Veränderung in %	Arbeitsproduktivität
I	3 Mitarbeiter	3.600	______	______	
II	4 Mitarbeiter	4.880			
III	6 Mitarbeiter	7.500			

Antwort: Die Arbeitsproduktivität bei den Versandaufträgen ist im 3. Quartal im Vergleich zum 1. Quartal um *20/50* St. je Beschäftigter *gestiegen/gesunken*.

b) Ermitteln Sie die Wirtschaftlichkeit je Quartal, wenn je Mitarbeiterstunde Kosten in Höhe von 28 EUR zu berücksichtigen sind. Ergänzen Sie dazu die Tabelle.

Quartal	Beschäftigte der Versandabteilung	Arbeitsstunden je Mitarbeiter je Q.	Mitarbeiter-Gesamtkosten	Umsatzerlöse	Wirtschaftlichkeit
I	3 Mitarbeiter	350		352800	
II	4 Mitarbeiter	340		418880	
III	6 Mitarbeiter	360		544320	

Antwort: Die Wirtschaftlichkeit ist im 3. Quartal im Vergleich zum 1. Quartal von *9/12* auf *9/12 gestiegen/gesunken.*

c) Ermitteln Sie die Eigenkapitalrentabilität und die Umsatzrentabilität mithilfe der vorgegebenen Tabelle. Ergänzen Sie dazu die Tabelle.

Quartal	Eigenkapital	Gewinn je Quartal	Umsatz je Quartal	Eigenkapital-rentabilität	Umsatzrentabilität
I	55.000	10.584	352.800		
II	55.000	10.472	418.880		
III	75.000	10.887	544.320		

Antwort: Die Eigenkapitalrentabilität ist im 3. Quartal im Vergleich zum 1. Quartal von *3/2/19,24/14,52* auf *3/2/19,24/14,52 gestiegen/gesunken.*

6. Sie informieren sich über die Kriterien, die bei der Standortauswahl eines Betriebes bedeutsam sein können.

a) Ordnen Sie die Schwerpunkte bei der Standortauswahl eines Industriebetriebes aus dem Schaubild den aufgelisteten Beispielen zu.

b) Suchen Sie je Schwerpunkt ein weiteres eigenes Beispiel und tragen Sie es ein.

c) Füllen Sie den Lückentext aus. Verwenden Sie als Hilfestellung die aufgelisteten Silben.

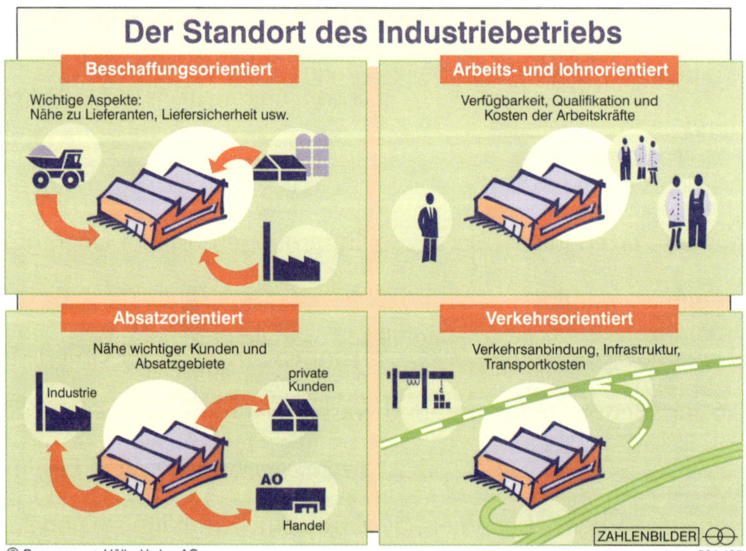

© Bergmoser + Höller Verlag AG

Bsp.: ▪ Kaufkraft der Kunden ▪ ______	Bsp.: ▪ Lohnhöhe ▪ ______ ______	Bsp.: ▪ Autobahnknoten ▪ ______ ______	Bsp.: ▪ Energiequellen ▪ ______ ______
______ -orientiert	______ -orientiert	______ -orientiert	______ -orientiert

BODENPREISE – SUB – KNOTENPUNKTE – ROHSTOFF – TRANS – KRÄFTE – SCHÄTZE – NATUR – VENTIONEN – VERKEHRS – GROSSUNTERNEHMEN – FACH – GEBIET – QUELLEN – ARBEITS – KRAFT – ABSATZ – PORTKOSTEN

Die Standortwahl eines Unternehmens ist von verschiedensten Faktoren abhängig. Reine Gewinnungsbetriebe sind auf ganz bestimmte Standorte angewiesen: Sie können nämlich Kohle, Erdöl, Gas, Erze, Kies usw. nur dort fördern, wo diese ______________________ vorkommen. Aber auch andere materialorientierte Betriebe, z. B. Eisen- und Stahlwerke, Ziegeleien, Holz oder Kalkstein verarbeitende Betriebe, siedeln sich in der Nähe der ______________________ an, um die ______________________ für die Roh-, Hilfs- und Betriebsstoffe möglichst niedrig zu halten.

Arbeits- und lohnorientierte Betriebe treffen ihre Standortentscheidung im Hinblick auf das vorhandene Angebot an menschlicher ______________________, wie zum Beispiel Arbeitskraftreserven in ländlichen Gebieten oder bei Technologiebetrieben entsprechend ausgebildete ______________________. Die Lohnkostenvorteile, die sich in ländlichen Gegenden oder im Ausland bieten, können die Wahl des Standorts ebenfalls beeinflussen.

Absatzorientierte Betriebe richten sich bei der Standortwahl nach ihrem wichtigsten ______________________. Sie sind oft in dicht besiedelten Gegenden anzutreffen, wie z. B. das Nahrungsmittelgewerbe oder Brauereien. Zulieferbetriebe entscheiden sich oft für einen Standort in der Nähe der von ihnen bedienten ______________________.

Verkehrsorientiert sind mehr oder weniger alle Industriebetriebe. Handelsbetriebe oder Unternehmen, die ihre Erzeugnisse über weite Entfernungen und an einen großen Abnehmerkreis versenden, bevorzugen als Standort ______________________, Umschlagplätze an Wasserstraßen usw.

Neben den genannten Faktoren können noch weitere Gründe für die Standortwahl entscheidend sein, so zum Beispiel die Strom- und Wasserversorgung, zu beachtende Umweltschutzvorschriften, staatliche ______________________, die bei der Ansiedlung in bestimmten Gebieten gewährt werden, kommunale Fördermaßnahmen, die Grundstücksverhältnisse und ______________________.

7. Bei der Auswahl Ihres neuen Logistikstandortes stehen Ihnen ein inländischer und zwei ausländische Standorte zur Verfügung. Um sich einen Überblick zu schaffen, haben Sie begonnen, eine Entscheidungswerttabelle aufzustellen, ein sogenanntes Scoring-Modell.

   a) Für die Erstellung einer Entscheidungswerttabelle müssen Sie Ihren Mitarbeitern die Vorgehensweise erklären. Bringen Sie die einzelnen Arbeitsschritte in die richtige Reihenfolge. Tragen Sie dazu die Ziffern 2 bis 7 ein.

1	mögliche Standorte bestimmen und zu berücksichtigende Standortfaktoren auswählen
	gewichtete Punkte der einzelnen Standorte aufsummieren und in die Summenzeile eintragen
	Standortfaktoren nach ihrer Bedeutung gewichten und die Gewichtungsfaktoren eintragen
	die vergebenen Punkte mit dem Gewichtungsfaktor multiplizieren und die gewichteten Punkte eintragen

☐ den Standort mit der höchsten Summe gewichteter Punkte auswählen
☐ Standorte nach ihren jeweiligen Vorzügen oder Nachteilen mit Punkten bewerten
☐ Entscheidungswerttabelle mit Zeilen und Spalten aufstellen und Standorte sowie Standortfaktoren eintragen

Entscheidungswerttabelle (Scoring-Modell)							
Standortfaktor	**Gewichtungsfaktor**	**Standort Inland**		**Standort Ausland A**		**Standort Ausland B**	
		Punkte Inland	**gewichtete Punkte**	**Punkte Ausland A**	**gewichtete Punkte**	**Punkte Ausland B**	**gewichtete Punkte**
Steuern und Abgaben	4	30		60		40	
Verkehrsanbindung	8	80		30		10	
Arbeitskräfteangebot	10	90		70		40	
Lohnhöhe	9	30		60		90	
staatliche Förderung	7	20		40		60	
Grundstückspreise	5	20		50		80	
Umweltschutzauflagen	3	10		40		50	
Kundennähe	6	70		50		30	
Summe							

b) Welcher Standortschwerpunkt spielt die wichtigste Rolle, wenn Sie die Gewichtungsfaktoren der Tabelle betrachten?
(1) ein verkehrsorientierter Standort
(2) ein absatzorientierter Standort
(3) ein materialorientierter Standort
(4) ein an staatlicher Förderung und niedriger Steuerbelastung orientierter Standort
(5) ein arbeits- und lohnorientierter Standort

c) Berechnen Sie mithilfe der Entscheidungswerttabelle den Standort, der in der Summe die meisten Vorteile bietet. Tragen Sie die Lösung ein.

Lösung: Am geeignetsten ist der Standort im ____________ mit einer Summe von _____ Punkten.

Programmierte Aufgaben

1. Vanessa hat mit Lieferanten vereinbart, dass die Artikel erst mit der Bestellung des Kunden ausgeliefert und dann direkt vom Lieferanten an den Kunden gesendet werden (Streckengeschäft). Welche Aufgabe eines Betriebes wird dadurch auf den Lieferanten ausgelagert?

a) die Produktion
b) der Einkauf
c) der Absatz
d) die Lagerhaltung
e) die Verwaltung

2. Für ihr neu zu gründendes Handelsunternehmen will Vanessa den Aufbau und die Betriebshierarchie darstellen. Welche Darstellungsart wird sie verwenden?

a) einen betrieblichen Ablaufplan
b) einen Zeitplan

c) ein Organigramm
d) eine Bilanz
e) einen Materialflussplan

3. In Vanessas Online-Handel wird zwischen leitender und ausführender Arbeit unterschieden. Welches ist ein Beispiel für ausführende Arbeit?

a) Entscheidung über die Einstellung eines neuen Mitarbeiters
b) Einteilung der Mitarbeiter in die einzelnen Arbeitsbereiche
c) Organisation einer Betriebsversammlung
d) Erteilung einer Handlungsvollmacht
e) Überweisung von Lieferantenrechnungen

4. Bei der Auswahl ihres Standortes innerhalb Deutschlands möchte Vanessa mit ihrem Online-Handel auch die mögliche Steuerbelastung berücksichtigen. Welche zwei Steuerarten sind in ihrer Höhe standortabhängig?

a) die Kfz-Steuer
b) die Körperschaftsteuer
c) die Gewerbesteuer
d) die Mineralölsteuer
e) die Umsatzsteuer
f) die Grundsteuer

5. Die Geschäftsleitung möchte ihre ökologische Verantwortung wahrnehmen. Welche der nachfolgenden Maßnahmen dient nicht der Verwirklichung einer ökologischen Zielsetzung?

a) In allen Abteilungen wird eine getrennte Müllentsorgung eingeführt.
b) Bei der Auswahl des Verpackungsmaterials wird ausschließlich der preisgünstigste Lieferant berücksichtigt.
c) Bei der Auswahl der Lieferanten wird auch auf kurze Transportwege geachtet.
d) Getränkeflaschen werden von Einweg- auf Mehrweg umgestellt.
e) Bei der Auswahl des Stromlieferanten wird der Stromanteil an erneuerbarer Energie mit berücksichtigt.

6. In welcher Aufzählung finden sich nur betriebswirtschaftliche Produktionsfaktoren?

a) Boden, leitende Arbeit, ausführende Arbeit, Kapital
b) Betriebsmittel, Werkstoffe, Arbeit und Boden
c) Werkstoffe, Betriebsmittel, leitende Arbeit, ausführende Arbeit
d) Kapital, leitende und ausführende Arbeit, Betriebsmittel, Boden
e) Mensch, Natur, Kapital und Werkstoffe

7. „Betrieblicher Leistungsprozess" heißt nichts anderes als die Kombination der betriebswirtschaftlichen Produktionsfaktoren. Tragen Sie die zwei richtigen Beispiele in die Kästchen neben den betriebswirtschaftlichen Produktionsfaktoren ein.

Beispiele	betriebswirtschaftliche Produktionsfaktoren
a) Heizöl für die Beheizung der Lagerhallen	Betriebsmittel ☐
b) die Tätigkeit eines Kommissionierers	
c) die Tätigkeit der Geschäftsführung	dispositiver Faktor ☐
d) Einsatz einer Verpackungsmaschine	
e) Hydrauliköl für die Verpackungsmaschine	
f) Lagerbestände der Handelswaren	

8. Mit welcher Maßnahme kann die Wirtschaftlichkeit des dispositiven Faktors verbessert werden?

a) Mit mehr Werbemaßnahmen kann trotz höherer Kosten die Rentabilität gesteigert werden. ☐
b) Die Lagerverwaltung erhält ein neues Warenwirtschaftssystem. ☐
c) Die bisher getrennten Abteilungen Versand Inland und Ausland werden unter eine einheitliche Abteilungsleitung gestellt. ☐
d) In der Verwaltung wird eine Buchhaltungskraft eingespart. ☐
e) Der Internetauftritt wird durch einen externen Webdesigner verbessert. ☐

9. Welche Beschreibung trifft auf die Kennzahl der Wirtschaftlichkeit zu?

a) Wirtschaftlichkeit ist das Verhältnis von Eigenkapital zu Fremdkapital. ☐
b) Der erzielte Ertrag wird in Beziehung zum Aufwand gesetzt. ☐
c) Wirtschaftlichkeit ist das positive Verhältnis von Output zu Input. ☐
d) Der Gewinn wird in ein Verhältnis zum Eigenkapital gesetzt. ☐
e) Rationalisierungsmaßnahmen erhöhen die mengenmäßige Ergiebigkeit in der Produktion. ☐

10. In welchem Fall spricht man von der Rentabilität eines Unternehmens?

a) Das Unternehmen erhöht seine Produktivität. ☐
b) Das Unternehmen reduziert seine Kosten. ☐
c) Das Unternehmen erhöht seinen Absatz. ☐
d) Das Unternehmen erwirtschaftet Gewinn. ☐
e) Das Unternehmen steigert seinen Umsatz. ☐

3 Grundlagen des Wirtschaftsrechts

Arbeitsblatt 1: Möglichkeiten rechtlicher Bindung

1. Sie lesen in der Tageszeitung eine Geburtsanzeige. Die Eltern freuen sich über die Geburt ihrer Tochter Swantje. In der Berufsschule erfahren Sie, dass auch ein Baby bereits rechtsfähig ist. Was bedeutet es, rechtsfähig zu sein, und wann beginnt bzw. endet die Rechtsfähigkeit?

____

____

____

____

2. Unterscheiden Sie natürliche und juristische Personen (bitte ankreuzen).

Personen	natürliche Personen	juristische Personen des privaten Rechts	juristische Personen des öffentlichen Rechts
Aziz, 18 Jahre			
Volkswagen AG			
Maren, 17 Jahre			
Verein der Logistikfreunde e. V.			
ARD und ZDF			
Anwalt Dr. Scholz			

3. Bitte vervollständigen Sie:

Geschäftsunfähig sind Kinder bis zur Vollendung des ______________ Lebensjahres.

Beschränkt geschäftsfähig sind Kinder und Jugendliche bis zur Vollendung des ______________ Lebensjahres. Des Weiteren sind Personen geschäftsunfähig, die ______________________ ______________________________________. Willenserklärungen von Personen, deren Geistestätigkeit vorübergehend eingeschränkt ist, sind ____________________.

4. Welche Aussagen zur Geschäftsfähigkeit sind falsch?

a) Der 14-jährige Malte kann im Rahmen seines Taschengeldes rechtswirksam einen Kaufvertrag abschließen. ☐
b) Käufe auf Raten sind Minderjährigen nicht möglich. ☐
c) Der Kaufvertrag, den die 16-jährige Kathrin ohne Zustimmung ihrer gesetzlichen Vertreter abgeschlossen hat, ist zunächst schwebend unwirksam. ☐
d) Geschäfte, die nur rechtliche Vorteile bringen, sind beschränkt Geschäftsfähigen möglich. ☐

e) Der Spielzeugkauf des 6-jährigen Tom ist rechtsgültig, weil er dieses mit dem Geld bezahlt hat, das er von seinen Großeltern zum Geburtstag bekommen hatte. ☐
f) Minderjährige können Geschäfte, die im Zusammenhang mit einem Arbeitsverhältnis stehen, rechtsgültig abschließen. ☐
g) Der 18-jährige Sören muss die Zustimmung seiner Eltern einholen, wenn er sich ein Auto für 5.000 EUR kaufen will, weil er in der Ausbildung ist und der Betrag nicht mehr im Rahmen seiner Ausbildungsvergütung liegt. ☐

5. Auch beschränkt Geschäftsfähige können rechtswirksam Geschäfte abschließen. Beurteilen Sie unter diesem Aspekt die folgenden Fälle:

a)	Die 17-jährige Hilde hat eine Arbeitsstelle in einem 20 km entfernten Ort bekommen. Sie mietet sich dort ein Zimmer.	
b)	Der Auszubildende Jan kauft sich von seiner Ausbildungsvergütung Kleidung im Wert von 400 EUR.	
c)	Die 13-jährige Schülerin Tanja kauft sich ohne Einwilligung der Eltern eine Zeitschrift.	
d)	Der 6-jährige Tammo kauft sich von dem Geld, das ihm die Oma zum Geburtstag geschenkt hatte, am nahe gelegenen Kiosk eine Tafel Schokolade.	
e)	Steffi, 12 Jahre alt, bekommt von ihrer Tante eine wertvolle Uhr geschenkt.	

6. Ordnen Sie in der folgenden Tabelle die Rechtsobjekte richtig zu und kennzeichnen Sie Ihre Entscheidung durch Kreuze in den entsprechenden Spalten.

Rechtsobjekte	Rechte	Sachen			
		beweglich	unbeweglich	vertretbar	nicht vertretbar
Kleiderschrank					
Wegerecht					
Gebäude					
Ölgemälde					
Patent					
Auto					
Grundstück					

7. In welchen Fällen liegt kein Eigentumserwerb vor?

a) Ein 7-jähriger Junge kauft am Kiosk ein lustiges Taschenbuch, das ihm von der Verkäuferin ausgehändigt wird, nachdem er den Kaufpreis gezahlt hat. ☐
b) Eine 80-Jährige übergibt ihrer 10-jährigen Enkelin ein Schmuckstück im Wert von 12.000 EUR als Geschenk, das diese annimmt. ☐
c) Ein Haus mit Grundstück wird verkauft. Verkäufer und Käufer legen dies in einem schriftlichen Kaufvertrag fest. Der Verkäufer händigt die Hausschlüssel aus. ☐
d) Ein Kunstwerk wird verkauft. Es kann jedoch nicht an den Käufer übergeben werden, da es noch in einer Ausstellung verbleiben muss. Stattdessen tritt der Verkäufer an den Käufer den Herausgabeanspruch ab. ☐

e) Jonas verkauft sein Fahrrad für 100 EUR an Sascha. Es wird vereinbart, dass Jonas das Fahrrad noch bis zur Beendigung seiner Ausbildung in drei Monaten weiter nutzen darf.Der Kaufpreis soll von Sascha allerdings bereits nach einem Monat entrichtet werden. Nach zwei Monaten hat Sascha immer noch nicht bezahlt.

8. Welcher Vertrag ist einseitig verpflichtend?

a) Kaufvertrag
b) Bürgschaftsvertrag
c) Mietvertrag
d) Werkvertrag
e) Geschäftsbesorgungsvertrag

9. Welche Verträge sind hier angesprochen?

a)	Ein Tischler fertigt für ein Büro einen speziellen Schrank an.	
b)	Ein Hauseigentümer überlässt Max eine Wohnung gegen Entgelt.	
c)	Der Nachbar überlässt Moritz seinen Rasenmäher.	
d)	Doris erhält von ihrem Mann zum Hochzeitstag Ohrringe.	
e)	Marcel ist sich mit seinem Onkel einig, dass er in dessen Kfz-Betrieb ab nächsten Monat als Mechaniker arbeiten kann.	

10. Für einige Rechtsgeschäfte gibt es bestimmte Formvorschriften. Welche Aussage ist falsch?

a) Beim Hauskauf genügt ein schriftlicher Vertrag, wenn man den Kaufpreis sofort bezahlt.
b) Der Berufsausbildungsvertrag bedarf der Schriftform.
c) Die Eintragung in das Vereinsregister erfordert eine öffentliche Beglaubigung.
d) Der Kaufvertrag über eine Wohnzimmereinrichtung wird mündlich abgeschlossen.
e) Ratenkäufe müssen schriftlich fixiert werden.

11. Vervollständigen Sie die folgende Tabelle:

	Fall	nichtig oder anfechtbar?	wegen ...
a)	In einem Angebot wurde der Verkaufspreis versehentlich mit 39 EUR statt mit 93 EUR angegeben.		
b)	Einem gerade ins Land gekommenen Einwanderer wurde eine Wohnung zum dreifachen Mietpreis vermietet.		
c)	Der Verkäufer eines Hauses verschweigt, dass das Haus erhebliche Mängel hat.		
d)	Margot kauft vergoldete Münzen eines Bekannten, die sie für Goldmünzen hält, weil sie diese verschenken will.		
e)	Kevin kauft seinem Freund Sven 100 Hanfpflanzen ab, die dieser in einem Schuppen angebaut hatte.		

Arbeitsblatt 2: Der Kaufvertrag

Situation

Sie arbeiten bei der Emder Elektrogroßhandels GmbH im Wareneinkauf. Ihre Chefin, Frau Arends, hat an die Firma „Lampenwelt AG“ in Bremen folgende Anfrage geschrieben:

Emder Elektrogroßhandels GmbH

Dollartstraße 33
26723 Emden

Emder Elektrogroßhandels GmbH
Dollartstraße 33, 26723 Emden

Lampenwelt AG
Weserstraße 25
28279 Bremen

Anfrage
5.05.20..

Sehr geehrte Damen und Herren,

der Fachzeitschrift „Elekronika" entnahmen wir, dass Sie moderne Lampen für Büros und industrielle Arbeitsplätze anbieten. Weil wir unser Sortiment in dieser Richtung erweitern wollen, möchten wir uns ein genaueres Bild von den Lampen Ihres Sortiments machen. Wir bitten deshalb um einen Vertreterbesuch möglichst noch in diesem Monat.

Mit freundlichen Grüßen

Emder Elektrogroßhandels GmbH

i. A. *A. Arends*

Anna Arends

1. Welche Aussage zu dieser Anfrage ist falsch?

a) Es handelt sich um eine allgemeine Anfrage.
b) Diese Anfrage hätte auch telefonisch erfolgen können.
c) Anfragen sind unverbindlich.
d) Anfragen können zu einer neuen Geschäftsverbindung führen.
e) Die Anforderung eines Vertreters verpflichtet zum Kauf.

2. Der Lieferantendatei entnehmen wir ein Angebot der Firma Walter Kröger GmbH aus Oldenburg für eine Arbeitsleuchte:

Arbeitsleuchte	Walter Kröger GmbH Oldenburg	Lampenwelt AG Bremen
Preis je Stück	55,75 EUR	
Rabatt	10 %	
Verpackungskosten	0,50 EUR pro Stück	
Versandkosten	frei Haus	
Lieferzeit	10 Tage	
Zahlungsbedingungen	Zahlung innerhalb von 7 Tagen ohne Abzug	

Aufgrund der oben abgedruckten Anfrage erhält die Emder Elektrogroßhandels GmbH ein Angebot der Firma Lampenwelt AG aus Bremen. Diese bietet mit der Arbeitsleuchte MARS eine nahezu baugleiche Lampe zum Listenpreis von 56,90 EUR an. Tragen Sie die wesentlichen Punkte des Angebotes der Firma Lampenwelt in obige Tabelle ein.

Lampenwelt AG

Weserstraße 25–29
28279 Bremen

Lampenwelt AG, Wesertraße 25, 28279 Bremen

Emder Elektrogroßhandels GmbH
Dollartstraße 33
26723 Emden

Angebot
14.05.20..

Sehr geehrte Frau Arends,

wir freuen uns, dass Ihnen die von unserem Vertreter, Herrn Wolters, vorgestellten Lampen zusagen. Die Preise für die jeweiligen Artikel aus unserem Katalog entnehmen Sie bitte der beigefügten Preisliste. Die Preise gelten bis zum 30.06.20..

Wir liefern zu folgenden Bedingungen:

Die Preise verstehen sich einschließlich Verpackung, die Lieferung erfolgt innerhalb von 6 Tagen ab Werk. Bei einem Mindestabnahmewert von 5.000 EUR gewähren wir einen Rabatt von 12,5 %. Wir gewähren ein Zahlungsziel von 30 Tagen und bei Zahlung innerhalb von 7 Tagen einen Skontoabzug von 2,5 %.

Bitte beachten Sie auch unsere allgemeinen Geschäftsbedingungen, die wir als Anlage beigefügt haben.

Wir würden uns sehr über einen Auftrag von Ihnen freuen.

Mit freundlichen Grüßen
Lampenwelt AG

R. Wilhelms

p. p. a. Robert Wilhelms

Anlagen
Preisliste
AGB

3. Ermitteln Sie, welches Angebot für den Bezug von 30 Stück dieser Lampen günstiger ist. Gehen Sie dabei davon aus, dass grundsätzlich Rabatt und Skonto in Anspruch genommen werden. Für Versandkosten nehmen Sie bei Lampenwelt 12 EUR pro zehn Stück an.

Angebot Walter Kröger GmbH: ______________________________

____

Angebot Lampenwelt AG: ______________________________

____

4. Welche Kriterien können außer dem Bezugspreis bei der Auswahl eines Lieferers von Bedeutung sein (qualitativer Angebotsvergleich)?

____

____

5. Im Angebot steht nichts über den Erfüllungsort und den Gerichtsstand.

a) Wo könnten sich Angaben darüber finden?

____

b) Sollte ein Kaufvertrag mit der Firma Lampenwelt zustande kommen, gäbe es nach dem Gesetz folgende Erfüllungsorte für

die Warenschuld: ______________________________

die Geldschuld: ______________________________

c) In welcher Beziehung steht der Gerichtsstand zum Erfüllungsort und welche Bedeutung hat der Gerichtsstand?

____

____

____

____

____

____

____

____

Aufgrund des günstigen Angebotes der Lampenwelt AG wurde entschieden dort zu bestellen.

Emder Elektrogroßhandels GmbH

Dollartstraße 33
26723 Emden

Emder Elektrogroßhandels GmbH
Dollartstraße 33, 26723 Emden

Lampenwelt AG
Herrn Robert Wilhelms
Weserstraße 25–29
28279 Bremen

Bestellung
23.05.20..

Sehr geehrter Herr Wilhelms,

vielen Dank für Ihr Angebot, das wir gerne annehmen. Wir bestellen zu den von Ihnen angebotenen Bedingungen folgende Artikel:

Pos.	*Anzahl*	*Artikel*	*Artikelnummer*	*Stückpreis*	*Gesamtpreis*
001	*30*	*Arbeitsleuchte MARS*	*33568A43-56*	*56,90 EUR*	*1.707,00 EUR*
002	*25*	*Industriestrahler PLUTO*	*33549A87-56*	*88,90 EUR*	*2.222,50 EUR*
003	*500*	*Leuchtmittel LM44*	*55512A35-86*	*3,90 EUR*	*1.950,00 EUR*
004	*50*	*Schreibtischleuchte ELBE*	*22567B22-45*	*36,50 EUR*	*1.825,00 EUR*
005	*10*	*Bürodeckenleuchte ODER*	*22595B44-45*	*77,90 EUR*	*779,00 EUR*
006	*200*	*Halogen-Sockelstecker HS25*	*55506B25-86*	*1,55 EUR*	*310,00 EUR*
				gesamt:	*6.793,50 EUR*

Wir erwarten Ihre Lieferung bis zum Ende des Monats.

Mit freundlichen Grüßen
Emder Elektrogroßhandels GmbH

i. A. *A. Arends*

Anna Arends

6. Ein Kaufvertrag kam bzw. kommt in diesem Fall zustande,

a) als die Anfrage an Lampenwelt geschickt wurde. ☐
b) als Lampenwelt der Emder Elektrogroßhandels GmbH ein verbindliches Angebot geschickt hatte. ☐
c) als die Emder Elektrogroßhandels GmbH bei Lampenwelt bestellte. ☐
d) wenn Lampenwelt aufgrund der Bestellung eine Auftragsbestätigung schickt. ☐
e) wenn der Rechnungsbetrag bezahlt worden ist. ☐

7. Was war in diesem Fall

der Antrag? ______________________________

____

die Annahme? ______________________________

____

8. Um welche Art eines Kaufvertrages handelt es sich? (Bitte tragen Sie die entsprechenden Begriffe ein.)

		Kaufvertragsart
a)	Die Lieferung erfolgt zu einem genau bestimmten Zeitpunkt.	
b)	Nach Kauf einer kleineren Probiermenge wird bei Gefallen eine größere Menge bestellt.	
c)	Die Zahlung des Kaufpreises kann zu einem späteren Zeitpunkt erfolgen.	
d)	Die nur nach der Art bestimmte Ware soll in mittlerer Art und Güte erfolgen.	
e)	Die Bezahlung soll nach Leistung einer Anzahlung in gleich hohen Raten erfolgen.	
f)	Eine größere Menge wird verbindlich gekauft, die dann in Teilmengen beim Lieferer abgerufen wird.	

9. Welche Verpflichtung aus dem Kaufvertrag hat der Verkäufer nicht?

a) dem Käufer eine Ausfertigung des schriftlichen Kaufvertrages zu übergeben ☐
b) Lieferung einwandfreier Ware ☐
c) Annahme des Kaufpreises ☐
d) Übertragung des Eigentums auf den Käufer ☐
e) die Ware rechtzeitig an den richtigen Ort zu liefern ☐

10. Ist in folgendem Fall ein Kaufvertrag zustande gekommen?
Heike nimmt sich morgens um 7 Uhr auf dem Weg zur Arbeit ein Exemplar einer großen deutschen Tageszeitung vom Stapel vor dem Kiosk und legt 60 ct in eine danebenstehende Schale. Dann steckt sie die Zeitung in ihre Tasche und geht grußlos weiter.
Begründen Sie Ihre Antwort und gehen Sie dabei auch auf die Begriffe „Verpflichtungs- und Erfüllungsgeschäft" ein.

____

____

____

____

____

____

____

Arbeitsblatt 3: Störungen bei der Erfüllung des Kaufvertrages

Situation

Als Mitarbeiter in der Einkaufsabteilung der Emder Elektrogroßhandels GmbH erhalten Sie aus dem Lager folgende Liste über die Warenprüfung einer Lieferung der Firma Lampenwelt AG in Bremen:

Emder Elektrogroßhandels GmbH					**Warenannahme**
Warenprüfung				Bestellung vom	23.05.20..
Lieferer:		Lampenwelt AG, Bremen		Lieferung vom	28.05.20..
Pos.	***Anzahl***	***Artikel***	***Artikelnummer***	***Prüfungsergebnis (ggf. Mangel)***	
001	*30*	*Arbeitsleuchte MARS*	*33568A43-56*	√	
002	*25*	*Industriestrahler PLUTO*	*33549A87-56*	*2 Strahler beschädigt (Glasabdeckung)*	
003	*500*	*Leuchtmittel LM44*	*55512A35-86*	*es fehlen 100 Stück*	
004	*50*	*Schreibtischleuchte ELBE*	*22567B22-45*	√	
005	*10*	*Bürodeckenleuchte ODER*	*22595B44-45*	*geliefert wurden 10 Leuchten Weser*	
006	*200*	*Halogen-Sockelstecker HS25*	*55506B25-86*	√	
Datum *29.05.20..*		*Unterschrift* *Kruse*	*Mitarbeiter Nr.* *56*	*Anlage*	

1. Bei den Positionen 2, 3 und 5 wurden Mängel festgestellt. Um welche Art von Mängeln handelt es sich hier?

Pos.	Mängelart	mögliche (vorrangige) Ansprüche des Käufers
2		
3		
5		

2. Schreiben Sie für Ihren Vorgesetzten eine unterschriftsreife Mängelrüge an die Firma Lampenwelt.

Emder Elektrogroßhandels GmbH

Dollartstraße 33
26723 Emden

Emder Elektrogroßhandels GmbH
Dollartstraße 33, 26723 Emden

Lampenwelt AG
Weserstraße 25–29
28279 Bremen

Mängelrüge

29.05.20..

Sehr geehrte Damen und Herren,

Mit freundlichen Grüßen

Emder Elektrogroßhandels GmbH

3. Die Firma Lampenwelt geht nicht auf Ihre Forderungen ein. Welche Rechte können Sie als Käufer jetzt geltend machen und welche Voraussetzungen müssen dafür erfüllt sein?

4. Wenn aufgrund von Schlechtlieferung Ansprüche geltend gemacht werden sollen, ist es wichtig die Verjährungsfristen einzuhalten. Tragen Sie in die Tabelle Beispiele für die jeweiligen Verjährungsfristen ein.

Verjährungsfristen	Beispiele
1 Jahr	
2 Jahre	
3 Jahre	
5 Jahre	

5. Bei Kaufverträgen unter Kaufleuten (zweiseitiger Handelskauf) bzw. Kaufverträgen mit Privatleuten (einseitiger Handelskauf) gibt es Unterschiede im Hinblick auf Prüfungs- und Rügefristen bei der Warenannahme. Erklären Sie diese Unterschiede und gehen Sie dabei auf den Begriff „Beweislastumkehr" ein.

6. Nehmen Sie an, die Firma Lampenwelt liefert die Ware nicht – wie versprochen – Ende des Monats Mai. Welche Rechte haben Sie als Käufer, wenn die Ware z. B. auch in der ersten Juniwoche noch nicht geliefert wurde, und welche Voraussetzungen müssen für die Inanspruchnahme der Rechte erfüllt sein?

7. Welche Aussage zur Nicht-Rechtzeitig-Lieferung ist falsch?

a) Wenn der Lieferer erklärt, dass er nicht liefern kann oder will, ist eine Mahnung nicht notwendig. ☐
b) Voraussetzung für den Lieferungsverzug ist unter anderem, dass den Verkäufer Verschulden trifft. ☐
c) Schadenersatz kann nur bei konkretem Schaden geltend gemacht werden. ☐
d) Wenn der Käufer die Ware nirgendwo anders günstiger bekommen kann, sollte er auf Lieferung bestehen. ☐
e) Hat der Käufer in Erwartung der Lieferung z. B. einen Lagerraum angemietet, kann er Ersatz für vergebliche Aufwendungen (in diesem Fall: Lagermiete) geltend machen. ☐

8. Nicht nur seitens des Lieferers kann es zu Pflichtverletzungen bei der Erfüllung des Kaufvertrages kommen. Auch Käufer erfüllen nicht immer ihre Pflichten. Füllen Sie die folgende Tabelle entsprechend aus.

Annahmeverzug	
Voraussetzungen	**Rechte des Verkäufers**
	ohne Fristsetzung
	nach Fristablauf

Zahlungsverzug	
Voraussetzungen	**Rechte des Verkäufers**
	bei Zahlungsfälligkeit
Mahnung entbehrlich, wenn	nach Fristablauf

Arbeitsblatt 4: Unternehmungsformen

Einzelunternehmung und Personengesellschaften

1. Der gelernte Elektriker Felix Meier ist seit mehreren Jahren fest angestellt bei der Firma *Bauelektronik und mehr GmbH* in Emden. Hauptsächlich besteht seine Tätigkeit darin, die Elektronik bei Neubauten zu installieren. Diese Tätigkeit langweilt Herrn Meier sehr. Herr Meier wohnt mit seiner Familie zur Miete in einem großen Häuserblock. Seine Freizeit ist geprägt von Handwerks- und Gartenarbeiten in dem angemieteten Schrebergarten der Familie. Grundsätzlich ist Herr Meier sehr zufrieden mit seiner Situation, aber er möchte sich beruflich gerne verändern.
   Seit geraumer Zeit stellt Herr Meier fest, dass Reparaturen wie z. B. defekte Lichtschalter oder störanfällige Heizungsanlagen in seinem Wohnblock von Firmen erledigt werden. Einen Hausmeister gibt es nicht mehr. Die Hausverwaltung begründet dies damit, dass es günstiger sei, eine Dienstleistung in Anspruch zu nehmen als dauerhaft einen Hausmeister pro Wohnblock zu beschäftigen. Felix Meier beschließt, sich mit einem Hausmeisterservice selbstständig zu machen. Frau Meier sieht dies äußerst skeptisch. Sie plagen Zukunftsängste.

   a) Beschreiben Sie anhand von mindestens drei Gründen, warum Frau Meier die geplante Selbstständigkeit von Herrn Meier skeptisch betrachtet.

   b) Formulieren Sie mindestens drei Argumente für die geplante Selbstständigkeit von Herrn Meier, die Frau Meier überzeugen.

   c) Nennen Sie drei persönliche Voraussetzungen, die Herr Meier mitbringen sollte, um seinen geplanten Hausmeisterservice erfolgreich führen zu können.

Felix Meier hat einen Hausmeisterservice gegründet. Er führt für seine Auftraggeber diverse Arbeiten durch wie z. B. das Reparieren von Bagatellschäden in Mietwohnungen, das Rasenmähen von Grünanlagen, das Streichen von Treppenfluren usw. Anfänglich hat er all die Aufträge von verschiedenen Hausbesitzern alleine bewältigen können. Um der starken Nachfrage an seiner Dienstleistung gerecht werden zu können, hat Herr Meier einen Mitarbeiter in Vollzeit und eine Mitarbeiterin in Teilzeit beschäftigt. Der Vollzeitbeschäftigte unterstützt Herrn Meier bei den handwerklichen Dingen; die Teilzeitbeschäftigte übernimmt die kaufmännischen Tätigkeiten wie z. B. das Schreiben von Rechnungen, das Überprüfen von Zahlungseingängen, das Vergleichen von Angeboten usw.

d) Beurteilen Sie, ob Herr Meier Kaufmann ist.

e) Erläutern Sie, was unter dem Begriff „Firma" zu verstehen ist.

f) Herr Meier hat beschlossen, dass er seinen Gewerbebetrieb als Einzelunternehmen ins Handelsregister eintragen lassen will. Machen Sie drei Vorschläge, wie die Firma von Felix Meier lauten könnte.

g) Welche Auswirkung hat die Handelsregistereintragung?

h) Welche Nachteile könnten sich für Herrn Meier bei der Rechtsform der Einzelunternehmung ergeben? Begründen Sie.

2. Sophie Müller aus Leer ist Angestellte in der Firma *Teehandel Schmidt e. Kfm.* Da Herr Schmidt seine Berufstätigkeit aus gesundheitlichen Gründen aufgeben möchte, beschließt Sophie die Firma zu übernehmen. Die neue Firma lautet *Sophies Teehandel e. K.* Herr Schmidt und Sophie vereinbaren, dass Herr Schmidt alle noch offenstehenden Rechnungen gegenüber den Lieferanten persönlich zu begleichen habe. Sophie erhält nach einiger Zeit Mahnungen der Lieferanten. Diese verlangen das Geld von ihr, da Herr Schmidt nicht bezahlt hat.
Muss Sophie zahlen? Begründen Sie Ihre Entscheidung.

3. Unterscheiden Sie die Unternehmensform der Einzelunternehmung von der der Personengesellschaft, indem Sie sich auf folgende Kriterien beziehen: Kapital, Geschäftsführung und Haftung.

4. Nennen Sie vier Personengesellschaften.

5. Der folgende Text über die Rechtsform der OHG enthält <u>sechs</u> Fehler. Geben Sie jeweils die Zeile an und korrigieren Sie.

Die offene Handelsgesellschaft (kurz: OHG) ist ein Zusammenschluss von mindestens drei Personen, die gemeinsam ein Handelsgewerbe betreiben. Die OHG ist beim Amtsgericht in das Handelsregister einzutragen. Die Gesellschafter können Grundstücke, Gebäude, Automobile usw. als Kapitalanlage in die OHG einbringen, wobei die Höhe vorgeschrieben ist. Jeder Gesellschafter ist zur Geschäftsführung und Vertretung der Firma berechtigt und verpflichtet. Sie können folglich die Firma nach außen vertreten und Geschäfte abschließen. Nach dem Gesetz erhält jeder Gesellschafter bei der Ergebnisverteilung 6 % auf seine Kapitalanlage; der Rest wird nach Köpfen verteilt. Falls die OHG einen Verlust zu verbuchen hat, wird dieser pro Kopf, also pro Gesellschafter, getragen. In Bezug auf die Haftung gilt für alle Gesellschafter der OHG, dass sie solidarisch, also auch mit ihrem Privatvermögen, sowie unbeschränkt, d. h., jeder Gesellschafter steht für die Geschäfte der anderen Gesellschafter mit ein, und unmittelbar haften. Die unmittelbare Haftung meint, dass ein Gläubiger von jedem Gesellschafter die Begleichung seiner Ansprüche verlangen darf. Aufgrund der unbeschränkten Haftung besitzt die OHG keine hohe Kreditwürdigkeit.

Fehler	Zeile	Korrektur
1		
2		
3		
4		
5		
6		

6. An der *Schraubengroßhandlung Hillebrand OHG* sind die Gesellschafter Hillebrand mit 500.000,00 EUR, Peper mit 340.000,00 EUR und Busker mit 120.000,00 EUR beteiligt. Der Jahresgewinn der Schraubengroßhandlung beträgt 111.000,00 EUR.

a) Welchen Gewinnanteil erhält jeder Gesellschafter nach dem Gesetz? Runden Sie auf zwei Stellen nach dem Komma.

b) Welchen Gewinnanteil erhält jeder Gesellschafter, wenn laut Gesellschaftsvertrag jeder Gesellschafter 5 % auf seine Einlage erhält und der Rest im Verhältnis 5:3:1 (Hillebrand : Peper : Busker) aufzuteilen ist?

c) Die *Schraubengroßhandlung Hillebrand OHG* wird voraussichtlich im laufenden Geschäftsjahr einen Verlust von 33.000,00 EUR erwirtschaften. Wie wird dieser von den Gesellschaftern laut Gesetz getragen?

7. Vervollständigen Sie folgenden Lückentext über die Rechtsform der KG, indem Sie folgende Wörter richtig einsetzen:

unbeschränkt – Kapitaleinlage – Kapitalanteile – Komplementär – mindestens – Widerspruchsrecht – nicht – Personengesellschaft – zwei – Kommanditgesellschaft – Komplementäre – Geschäfts- und Privatvermögen – Kommanditist – OHG – Handelsregister – Komplementäre – Jahresgewinn – Verlust – Kontrollrecht

Die KG (____________________) ist eine ____________________, in der die Gesellschafter als Firma ein Handelsgewerbe betreiben. Im Gegensatz zur OHG gibt es bei der KG __________ Arten von Gesellschaftern. Es muss mindestens ein ____________________, auch Vollhafter genannt, und ____________________ ein ____________________ als Teilhafter beteiligt sein. Die Komplementäre haften unmittelbar, ____________________ und solidarisch mit ihrem ____________________ ________ ____________________. Die Kommanditisten haften bis zur Eintragung ins ____________________ wie die ____________________, danach haften sie lediglich bis zur Höhe ihrer ____________________. Dafür sind sie __________ zur Geschäftsführung und Vertretung der Gesellschaft berechtigt. Die ____________________ leiten und führen die Firma. Für die Komplementäre gelten die gleichen Regelungen wie für die Gesellschafter bei der ________. Bei außergewöhnlichen Geschäftsentscheidungen wie z. B. dem Verkauf der KG haben die Kommanditisten ein ____________________. Außerdem dürfen die Kommanditisten laut ____________________ auch die Bücher der KG einsehen. Nach dem Gesetz erhalten alle Gesellschafter der KG vom ____________________ 4 % Zinsen auf ihre Kapitaleinlage und der Rest wird im angemessenen Verhältnis, d. h. im Verhältnis der ____________________, auf alle Gesellschafter verteilt. Im Falle, dass die KG einen ____________________ erwirtschaftet hat, wird dieser im angemessenen Verhältnis von den Gesellschaftern getragen.

8. Die Einzelunternehmerin Liselotte Körte geht in den wohlverdienten Ruhestand und möchte ihre Firma *Logistik Körte e. K.* an ihre drei Kinder Jan, Lars und Christiane übergeben. Jan arbeitet schon seit Längerem in der Firma seiner Mutter und ist bei allen Entscheidungen einbezogen worden. Lars ist gerade aus einem dreijährigen Auslandsaufenthalt aus den USA wieder da. Er war dort als Unternehmensberater tätig und freut sich schon darauf, seine Erfahrungen in die Firma einfließen zu

lassen. Christiane ist Künstlerin und hat in den letzten Jahren sehr viel Geld damit verdient. Ihr ist bewusst, dass die Nachfrage ihrer Kunstgegenstände nicht immer konstant bleibt. Sie möchte sich weiter ihrer Kunst widmen und nicht an den Geschäftsprozessen der Firma teilhaben. Allerdings wäre sie bereit, ihr erspartes Geld in das Unternehmen zu investieren, um letztendlich am Gewinn beteiligt zu werden.

Liselotte Körte ist bewusst, dass die Rechtsform der Einzelunternehmung unter diesen Bedingungen nicht beibehalten werden kann. Sie sollen Frau Körte beraten. Überprüfen Sie, welche Rechtsform sich eignet und wie diese umsetzbar ist. Begründen Sie Ihre Entscheidung.

9. Die *Elektrogroßhandlung Schmitz KG* setzt sich aus den Komplementären Thomas Schmitz und Karina Wessel sowie den Kommanditisten Dörthe Nee und Patrick Lohmann zusammen. Die Einlagen der Gesellschafter betragen:

Schmitz	480.000,00 EUR
Wessel	320.000,00 EUR
Nee	160.000,00 EUR
Lohmann	80.000,00 EUR

Die *Elektrogroßhandlung Schmitz KG* hat einen Gewinn von 74.100,00 EUR erwirtschaftet.

a) Welchen Gewinnanteil würde jeder Gesellschafter laut Gesetz erhalten?

b) Welchen Gewinnanteil erhält jeder Gesellschafter, wenn laut Gesellschaftsvertrag den Komplementären Thomas Schmitz und Karina Wessel jeweils eine Tätigkeitsvergütung in Höhe von 1.100,00 EUR monatlich zusteht?

c) Die *Elektrogroßhandlung Schmitz KG* wird voraussichtlich im laufenden Geschäftsjahr einen Verlust von 40.300,00 EUR erwirtschaften. Wie wird dieser von den Gesellschaftern getragen?

10. Lösen Sie das folgende Kreuzworträtsel über die Personengesellschaften.

Waagerecht:

2. Der Gläubiger kann gegenüber jedem Gesellschafter einer OHG seine Forderung geltend machen. Die Gesellschafter haften ...
5. Sie sinkt bei einer KG, je mehr Gesellschafter nur Kommanditisten sind, da diese nur mit ihrer Kapitaleinlage haften.
8. Jeder Gesellschafter einer OHG haftet mit seinem Geschäfts- und Privatvermögen. Sie haften ...
15. Gesellschaft bürgerlichen Rechts

17. Bei dieser Rechtsform schließen sich Angehörige von freien Berufen zur gemeinschaftlichen Ausübung ihres Berufes zusammen (Mehrzahl).
18. Mindestens zwei Personen schließen sich zum Erreichen eines bestimmten Zwecks zu einer Gesellschaft des bürgerlichen Rechts zusammen. Sie bilden eine ...

Senkrecht:

1. Nach dem Gesetz erhält jeder Gesellschafter einer OHG davon 4 % auf seine Kapitaleinlage und der Rest wird nach Köpfen verteilt.
3. Bei der OHG bezieht sich die Geschäftsführung auf das ... der Gesellschafter.
4. Bei der GbR ist der Gesellschaftsvertrag ..., d. h., er kann mündlich erfolgen.
6. Bei der OHG als auch bei der KG ist kein ... vorgeschrieben.
7. Der Kommanditist einer KG ist ...
9. Der ... Gesellschafter beteiligt sich mit einer Kapitalanlage am Handelsgewerbe eines Kaufmanns, tritt aber nach außen nicht in Erscheinung.
10. Es bildet u. a. die gesetzliche Grundlage für die Personengesellschaften.
11. Die ... stellt für die Kommanditisten einen entscheidenden Vorteil dar.
12. Recht der Kommanditisten
13. Nach dem Gesetz kann jeder Gesellschafter der OHG die Firma im ... alleine vertreten.
14. Vollhafter einer KG
16. Der Gläubiger kann ... von jedem Gesellschafter einer OHG die Befriedigung seiner gesamten Ansprüche verlangen.

Kapitalgesellschaften

11. Wilko hat vor, eine Eventagentur in Oldenburg zu gründen, die sich um die Planung und Durchführung von Festen wie Hochzeiten, aber auch Konzerten und Schützenfesten kümmert. Da er die letzten Jahre für eine Eventagentur in Hannover gearbeitet hat, verfügt er über das nötige Wissen. Er hat schon eine Markteinschätzung sowie eine Konkurrenzanalyse durchgeführt und basierend darauf einen Geschäftsplan erstellt. Laut Geschäftsplan braucht er mindestens 30.000,00 EUR Startkapital. Er selber verfügt lediglich über 20.000,00 EUR. Jedoch hat er zwei Personen gefunden, die sich an seiner Geschäftsidee beteiligen wollen. Zum einen handelt es sich um seinen Freund Malte, der gelernter Bürokaufmann ist und sich um die Buchführung und sonstige kaufmännische Tätigkeiten kümmern soll. Tammo ist ein Bekannter, der im Bereich Mediendesign gearbeitet hat und für die Werbung und die Homepage verantwortlich sein soll. Malte und Tammo sind bereit, sich mit jeweils 10.000,00 EUR an der geplanten Firma zu beteiligen. Wilko selbst möchte für die Geschäftsführung nach innen und die Vertretung nach außen verantwortlich sein. Allerdings ist Wilko sich nicht sicher, welche Unternehmensform er wählen soll. Er schwankt generell zwischen der Personengesellschaft KG und der Kapitalgesellschaft GmbH.

    a) Wofür steht die Abkürzung GmbH?

    ____

    b) Grenzen Sie die Personengesellschaft von der Kapitalgesellschaft ab, indem sie sich auf mindestens vier Kriterien beziehen.

    ____

    ____

    ____

    ____

    ____

    ____

c) Welche Vorteile besitzt die GmbH gegenüber der KG?

d) Überprüfen Sie, ob die Unternehmensform der GmbH nach altem GmbH-Recht umsetzbar ist. Begründen Sie.

e) Überprüfen Sie, ob die Unternehmensform der GmbH nach dem Gesetz zur Modernisierung des GmbH-Rechts und zur Bekämpfung von Missbräuchen (MoMiG) umsetzbar ist. Begründen Sie.

f) Für welche Rechtsform sollte sich Wilko entscheiden? Begründen Sie Ihre Wahl.

12. Lösen Sie das folgende Kreuzworträtsel über die Kapitalgesellschaft der GmbH.

Waagerecht:

1. Der übernommenen Anteil eines Gesellschafters am Stammkapital.
5. Pflicht der Gesellschafter
6. Die Gesellschafterversammlung bildet das oberste ... der GmbH.
13. Ausschluss von Gesellschaftern
15. Jeder Gesellschafter hat die Pflicht zur ... der vereinbarten Stammeinlage.
16. Eine GmbH nach dem MoMiG muss die Bezeichnung „... (haftungsbeschränkt)“ enthalten.
17. Die UG darf ihre Gewinne nicht ausschütten, sondern muss sie als ... nach und nach ansparen.

Senkrecht:

2. Der Geschäftsführer vertritt die GmbH gegenüber Dritten.
3. Die Gesellschafter der GmbH bilden die ...
4. Zu den Aufgaben der Gesellschafterversammlung gehört die ... von Geschäftsführern.
7. Pflicht der Gesellschafter
8. Es muss mindestens 25.000 EUR betragen.
9. Der Geschäftsführer oder die Geschäftsführer bereiten den Jahresabschluss vor und erstellen diesen. Es ist eine Aufgabe im ...
10. Bei einer GmbH nach dem MoMiG ist kein ... erforderlich.
11. Recht der Gesellschafter
12. Die GmbH muss einen oder mehrere ... haben.
14. Überwachungsorgan der GmbH

13. An der *Frischehandlung Meier GmbH* sind Herr Meier mit 50.000,00 EUR, Frau Frei mit 40.000,00 EUR und Herr Treu mit 30.000,00 EUR beteiligt.

a) Wie viel Euro beträgt das Stammkapital?

b) Wie viel Euro erhält jeder Gesellschafter, wenn der Reingewinn abzüglich der Rücklagen noch 48.000,00 EUR beträgt?

14. Der folgende Text über die Rechtsform der AG enthält <u>neun</u> Fehler. Geben Sie jeweils die Zeile an und korrigieren Sie.

> Eigentümer des Unternehmens sind die Aktionäre. Sie sind mit ihren Aktien am Grundkapital der Gesellschaft beteiligt. Das Grundkapital muss mindestens 5.000,00 EUR betragen und kann in Form von Bar- oder Buchgeld sowie in Form von Sachen oder Rechten eingezahlt werden. Der Mindestnennbetrag je Aktie beträgt 0,50 EUR. Die Aktionäre haften unbeschränkt. Aktien werden an der Börse in Form von Wertpapieren gehandelt. Ihr Kurswert spiegelt den Unternehmenserfolg wider. Als Kurswert bezeichnet man den Preis für die Aktie, der mehrmals wöchentlich ermittelt wird. Der Kurswert einer Aktie ist vom Nennwert einer Aktie zu unterscheiden. Der Kurswert ist oftmals erheblich niedriger als der Nennwert einer Aktie. Die Unternehmensform der Aktiengesellschaft ist besonders interessant für Unternehmen mit geringem Kapitalbedarf, da sich durch die Ausgabe von Aktien große Kapitalmengen aufbringen lassen.
>
> Die Aktiengesellschaft ist eine natürliche Person und ist erst ab ihrer Eintragung ins Handelsregister rechtsfähig. Die Aktiengesellschaft ist Gläubiger oder Schuldner, nicht die Aktionäre. Eine AG kann von einer Person oder mehreren Personen gegründet werden. Es muss von den Gründern eine Satzung angefertigt werden, die formfrei sein muss. Da die AG nicht wie ein Mensch handeln kann, braucht sie Organe, um handlungsfähig zu sein. Die Organe einer Aktiengesellschaft sind der Vorstand als beschließendes Organ, der Aufsichtsrat als überwachendes Organ und die Hauptversammlung als leitendes Organ.

Fehler	Zeile	Korrektur
1		
2		
3		
4		
5		
6		
7		
8		
9		

15. Ordnen Sie zu, welche Aufgaben oder Beschreibungen auf die jeweiligen Organe der Aktiengesellschaft zutreffen. Tragen Sie ein: Vorstand (V), Aufsichtsrat (A) oder Hauptversammlung (H).

	Organ
Versammlung der Aktionäre	
Er wird vom Aufsichtsrat auf höchstens fünf Jahre bestellt.	
Prüfung des Jahresabschlusses	
Er besteht aus mindestens drei bis höchsten 21 Personen.	
Geschäftsführung nach innen und Vertretung der Aktiengesellschaft nach außen	
Beschluss über die Verwendung des Bilanzgewinns	
Ist auf vier Jahre gewählt.	
Erstellung des Jahresabschlusses	
Er besteht aus mindestens einer natürlichen Person.	
Die Aktionäre nehmen ihre Rechte durch Ausübung des Stimmrechts wahr.	
Überwachung der Geschäftsführung	
Bestellung, Abberufung und Entlassung des Vorstandes	
Beschließt über Grundfragen wie z. B. die Kapitalerhöhung oder Satzungsänderungen	

Programmierte Aufgaben

1. In welcher Unternehmensform bringen Vollhafter und Teilhafter das Kapital auf?

a) GmbH
b) AG
c) KG
d) OHG
e) Genossenschaft

2. Welches Organ einer Aktiengesellschaft kontrolliert und bestellt den Vorstand?

a) Betriebsratsvorsitzender
b) Hauptversammlung
c) Aufsichtsrat
d) Wirtschaftsausschuss
e) Betriebsrat

3. Welche Aussage über die Einzelunternehmung ist richtig?

a) Die Einzelunternehmung lohnt sich nicht.
b) Der Einzelunternehmer haftet nur mit seinem Privatvermögen.
c) Es ist ein Mindestkapital vorgeschrieben.
d) Die Rechtsform der Einzelunternehmung braucht keinen Firmenzusatz.
e) Der Gewinn oder der Verlust fällt allein dem Einzelunternehmer zu.

4. Zur Erweiterung seines Unternehmens braucht der Einzelunternehmer Janssen weiteres Kapital. Er gründet zusammen mit Frau Hansen (Kommanditistin) eine KG. Welche Aussage entspricht der gesetzlichen Regelung?

a) Frau Hansen vertritt das Unternehmen nach innen und außen.
b) Frau Hansen haftet für die Verbindlichkeiten der KG bis zur Höhe ihrer Kapitaleinlage.

c) Beide Gesellschafter haften für die Verbindlichkeiten der Kommanditgesellschaft mit ihrem Geschäfts- und Privatvermögen. ☐
d) Frau Hansen ist nicht am Gewinn des Unternehmens beteiligt. ☐
e) Frau Hansen muss mindesten 25.000,00 EUR Kapital einbringen. ☐

5. Welche Unternehmensform besteht aus den Organen Gesellschafterversammlung, Aufsichtsrat und Geschäftsführer?

a) Gesellschaft mit beschränkter Haftung ☐
b) Aktiengesellschaft ☐
c) offene Handelsgesellschaft ☐
d) Genossenschaft ☐
e) Kommanditgesellschaft auf Aktien ☐

6. Welche Aussage trifft auf die Kommanditgesellschaft zu?

a) Zur Gründung sind mindestens zwei Komplementäre und zwei Kommanditisten erforderlich. ☐
b) Die Haftung der Gesellschafter ist beschränkt auf die Kapitaleinlage. ☐
c) Der Komplementär haftet unbeschränkt, unmittelbar und solidarisch mit dem Geschäfts- und Privatvermögen. ☐
d) Der Kommanditist haftet unbeschränkt, unmittelbar und solidarisch mit dem Geschäfts- und Privatvermögen. ☐
e) Das vorgeschriebene Mindestkapital beträgt 25.000,00 EUR. ☐

7. Wie wird der Jahresgewinn einer OHG nach dem Gesetz verteilt?

a) Jeder Gesellschafter erhält zunächst 4 % auf seinen Kapitalanteil, der Rest wird in angemessenem Verhältnis verteilt. ☐
b) Der Gewinn wird nach Köpfen verteilt. ☐
c) Jeder Gesellschafter erhält zunächst 4 % auf seinen Anteil, der Rest wird nach Köpfen verteilt. ☐
d) Der Gewinn wird nach Kapitalanteilen verteilt. ☐
e) Jeder Gesellschafter erhält den gleichen Gewinnanteil. ☐

8. Welche Aussage über die Hauptversammlung einer Aktiengesellschaft ist richtig?

a) Die Hauptversammlung wählt die Arbeitnehmervertreter für den Aufsichtsrat. ☐
b) Die Hauptversammlung ist für die Bestellung, Abberufung und Entlassung des Vorstandes zuständig. ☐
c) Die Hauptversammlung ist für die Bestellung, Abberufung und Entlassung des Geschäftsführers zuständig. ☐
d) Die Hauptversammlung wählt die Aktionärsvertreter für den Aufsichtsrat. ☐
e) An der Hauptversammlung muss jeder Aktionär teilnehmen. ☐

9. Welche Aussage zu den Unternehmensformen ist richtig?

a) Zu den Kapitalgesellschaften zählen OHG und AG. ☐
b) Bei den Personengesellschaften haften die Gesellschafter nur beschränkt. ☐
c) Zu den Personengesellschaften zählen KG und GmbH. ☐
d) Zu den Personengesellschaften zählen OHG und KG. ☐
e) Bei den Kapitalgesellschaften haften die Gesellschafter gesamtschuldnerisch mit dem Geschäfts- und Privatvermögen. ☐

10. Welche Unternehmensform gehört zu den Personengesellschaften?

a) Gesellschaft mit beschränkter Haftung
b) Aktiengesellschaft
c) offene Handelsgesellschaft
d) Genossenschaft
e) Kommanditgesellschaft auf Aktien

11. Welche Aussage über die Aktiengesellschaft ist richtig?

a) Eine Aktiengesellschaft eignet sich nur für große Dienstleistungsunternehmen.
b) Das Grundkapital wird von den Aktionären aufgebracht.
c) Die Aktionäre haften wie die Gesellschafter bei einer OHG.
d) Die Aktiengesellschaft besteht aus Geschäftsführer, Aufsichtsrat und Gesellschafterversammlung.
e) Das Grundkapital muss mindestens 25.000,00 EUR betragen.

12. Wie wird der Gewinn einer KG nach dem Gesetz verteilt?

a) 4 % erhalten die Teilhafter, den Rest die Vollhafter.
b) 4 % bezogen auf den Kapitalanteil, Rest im angemessenen Verhältnis
c) im Verhältnis der Kapitalbeteiligung
d) Jeder Gesellschafter erhält 4 % auf die Kapitaleinlage.
e) 4 % bezogen auf den Kapitalanteil, Rest nach Köpfen

13. Welcher Gesellschafter haftet unbeschränkt, solidarisch und unmittelbar?

a) Kommanditist der KG
b) Gesellschafter einer GmbH
c) Mitglied der Genossenschaft
d) Gesellschafter einer OHG
e) Aktionär

14. Welche Aussage über die GmbH ist richtig?

a) Die Gesellschafter einer GmbH erhalten 4 % auf den Gewinn, der Rest wird nach Köpfen verteilt.
b) Eine GmbH hat zwei Komplementäre und drei Kommanditisten.
c) Die GmbH ist eine Personengesellschaft auf Aktien.
d) Das Stammkapital beträgt 25.000,00 EUR.
e) Die Stammeinlage eines Gesellschafters einer GmbH beträgt 25.000,00 EUR.

15. Welches gesetzliche Recht hat der Kommanditist?

a) Recht auf Geschäftsführung
b) Recht auf Widerspruch bei außergewöhnlichen Geschäftshandlungen der Komplementäre
c) Recht auf Veräußerung des Unternehmens
d) Recht auf Vertretung des Komplementärs gegenüber Dritten
e) Recht auf Mitwirkung

16. Zu den Kapitalgesellschaften gehört …

a) die offene Handelgesellschaft.
b) die Gesellschaft bürgerlichen Rechts.
c) die stille Gesellschaft.
d) die Gesellschaft mit beschränkter Haftung.
e) die Kommanditgesellschaft.

17. Monika möchte sich an der Gründung einer GmbH beteiligen. Welche Aussage ist richtig?

a) Zur Gründung sind mindestens 25.000,00 EUR Stammkapital erforderlich. ☐
b) Es ist kein Gründungskapital vorgesehen. ☐
c) Zur Gründung sind mindestens 50.000,00 EUR Stammkapital erforderlich. ☐
d) Monika haftet mit ihrem Geschäfts- und Privatvermögen. ☐
e) Monika kann sich Aktien kaufen, um sich an dem Unternehmen beteiligen zu können. ☐

18. Zwei Ärzte haben eine Gemeinschaftspraxis gebildet. Welche Rechtsform hat diese Gemeinschaftspraxis?

a) Partnergesellschaft ☐
b) GbR ☐
c) stille Gesellschaft ☐
d) OHG ☐
e) GmbH ☐

19. Welche Aussage zur Aktiengesellschaft trifft zu?

a) Die Haftung erstreckt sich auch auf das Privatvermögen der Aktionäre. ☐
b) Jeder Aktionär kann das Unternehmen vertreten. ☐
c) Die Aktiengesellschaft hat eine eigene Rechtspersönlichkeit (juristische Person). ☐
d) Die Aktiengesellschaft besteht aus dem Vorstand, dem Aufsichtsrat und der Gesellschafterversammlung. ☐
e) Der Bilanzgewinn wird im angemessenen Verhältnis auf die Aktionäre verteilt. ☐

20. Welche Aussage trifft <u>nicht</u> auf die GmbH zu?

a) Eine GmbH muss bei über 500 ständig beschäftigten Mitarbeitern einen Aufsichtsrat bilden. ☐
b) Als Geschäftsführer einer GmbH können ein Gesellschafter oder dritte Person eingesetzt werden. ☐
c) Der Gesellschafter einer GmbH kann nicht zugleich auch Geschäftsführer der GmbH sein. ☐
d) Die GmbH ist eine Kapitalgesellschaft. ☐
e) Die GmbH kann von einer oder mehreren Personen gegründet werden. ☐

21. Wie heißt das leitende Organ einer GmbH?

a) Aufsichtsrat ☐
b) Gesellschafterversammlung ☐
c) Hauptversammlung ☐
d) Vorstand ☐
e) Geschäftsführer ☐

22. Ordnen Sie zu.

Organe
a) Vorstand
b) Aufsichtsrat
c) Wirtschaftsausschuss
d) Hauptversammlung
e) Betriebsrat

Tätigkeiten und Aufgaben in einer AG	
Beschließt über Kapitalerhöhung	
Überwacht die Geschäftsführung des Vorstandes	
Geschäftsführung und Vertretung	

23. Frau Klassen beteiligt sich lediglich mit einer Kapitaleinlage am *Supermarkt Müller e. K.* Welche Rechtsform liegt vor?

a) Partnergesellschaft ☐
b) GbR ☐
c) stille Gesellschaft ☐
d) OHG ☐
e) GmbH ☐

24. Welche Rechtsform eignet sich für Unternehmen mit großem Kapitalbedarf?

a) Einzelunternehmung ☐
b) GbR ☐
c) GmbH ☐
d) KG ☐
e) AG ☐

25. Welche Aussage über den Vorstand einer Aktiengesellschaft ist richtig?

a) Der Vorstand ist für die Geschäftsführung und Vertretung des Unternehmens verantwortlich. ☐
b) Der Vorstand wird geleitet vom Betriebsratsvorsitzenden. ☐
c) Der Vorstand wird von allen Aktionären auf der Hauptversammlung gewählt. ☐
d) Der Vorstand darf nur aus Aktionären bestehen. ☐
e) Der Vorstand muss den Jahresabschluss überprüfen. ☐

26. Welche Organe muss eine GmbH auf jeden Fall besitzen?

a) einen Vorstand und eine Gesellschafterversammlung ☐
b) einen Vorstand und einen Aufsichtsrat ☐
c) einen Aufsichtsrat und eine Gesellschafterversammlung ☐
d) einen Geschäftsführer und eine Hauptversammlung ☐
e) einen Geschäftsführer und eine Gesellschafterversammlung ☐

Arbeitsblatt 5: Unternehmenszusammenschlüsse

1. Um welche Art von Unternehmenszusammenschlüssen handelt es sich in den folgenden Beispielen?

A Konzern
B Holding
C Interessengemeinschaft
D Fusion
E Kartell
F Arbeitsgemeinschaft

1	Die Einzelhandelsgeschäfte innerhalb einer Fußgängerzone haben sich zusammengeschlossen, um gemeinsame Werbeaktionen durchzuführen oder besondere Verkaufstage zu organisieren.	
2	Die Media-Saturn-Unternehmensgruppe ist ein erfolgreiches Unternehmen, welches die Unternehmen Media Markt und Saturn verwaltet. Media Markt und Saturn werden jedoch unabhängig voneinander geführt und stehen im Wettbewerb miteinander.	
3	Die Gastronomen eines Kurortes beschließen einen für alle verbindlichen Verkaufspreis für die Getränke.	
4	Das Unternehmen Volkswagen setzt sich aus den Marken Volkswagen, Audi, SEAT, Skoda, Volkswagen Nutzfahrzeuge, Bentley, Bugatti, Lamborghini und Scania zusammen. Jede Marke hat ihren eigenständigen Charakter und operiert selbstständig am Markt.	

5	Ein Unternehmen wird von einem anderen Unternehmen gekauft und verliert seine wirtschaftliche und rechtliche Selbstständigkeit.	
6	Die Windenergie GmbH und die Stadt Emden errichten zusammen einen gemeinsamen Windpark.	

2. Lösen Sie das folgende Kreuzworträtsel über die Unternehmenszusammenschlüsse.

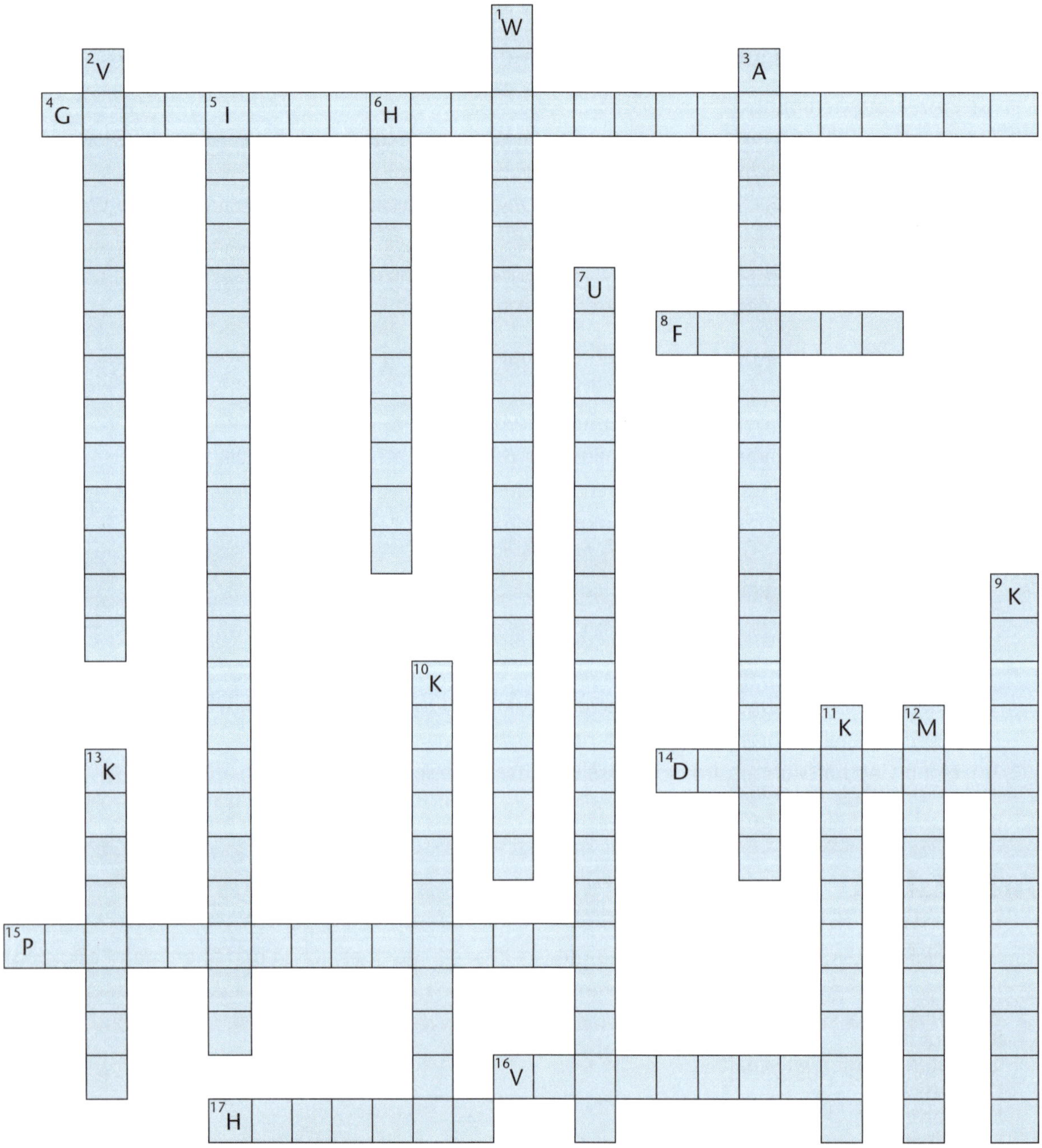

Waagerecht:

4. Joint-Ventures
8. Sie kann durch Aufnahme eines schwächeren Unternehmens in ein stärkeres Unternehmen erfolgen.
14. Der ... Zusammenschluss meint, dass sich zwei oder mehrere Unternehmen verschiedener Branchen zusammenschließen.
15. Das Kartellgesetz verbietet dieses.
16. Der Gemüsebauer schließt sich mit dem Gemüsehändler Meier zusammen. Hier liegt der ... Zusammenschluss vor.
17. Beteiligungsgesellschaft, bei der eine Dachgesellschaft die Mehrheit der Anteile an den anderen Unternehmen hält

Senkrecht:

1. Ein Ziel von Unternehmenszusammenschlüssen ist es, die ... zu erhalten oder zu verbessern.
2. Syndikat ist ein ...
3. Unternehmen, die rechtlich selbstständig bleiben, schließen sich für die Dauer der Durchführung eines gemeinsamen Auftrages zusammen.
5. Unternehmen, die rechtlich selbstständig bleiben, schließen sich vertraglich zusammen, um gemeinsame Interessen zu verfolgen.
6. Wenn sich zwei Molkereien zusammenschließen, so liegt der ... Zusammenschluss vor.
7. Wenn ein Unternehmen ein oder mehrere Unternehmen aufkauft und diese unter seine Leitung stellt, so spricht man von einem ...
9. Konzern und Fusion/Trust sind Formen der ...
10. Der Zusammenschluss erfolgt in einer sehr lockeren Form aufgrund vertraglicher Vereinbarungen. Die Unternehmen behalten hierbei ihre wirtschaftliche und rechtliche Selbstständigkeit.
11. Liegt vor, wenn sich Kreditinstitute vorübergehend zusammenschließen, um neu herausgegebene Wertpapiere zu verkaufen.
12. Ein Ziel der Unternehmenszusammenschlüsse ist es, die ... zu erhöhen.
13. ... sind Absprachen zwischen Unternehmen derselben Branche.

Programmierte Aufgaben

1. Mehrere Unternehmen beschließen, für ihre Produkte am Markt bestimmte Mindestpreise zu verlangen. Welcher Unternehmenszusammenschluss liegt vor?

   a) Fusion ☐
   b) Konzern ☐
   c) Interessengemeinschaft ☐
   d) Arbeitsgemeinschaft ☐
   e) Kartell ☐

2. Aus zwei oder mehreren Unternehmen wird ein neues Unternehmen gebildet. Welcher Unternehmenszusammenschluss liegt vor?

   a) Fusion durch Aufnahme ☐
   b) Fusion durch Neubildung ☐
   c) Konzern ☐
   d) Syndikat ☐
   e) Holding ☐

3. Um welche Art des Unternehmenszusammenschlusses handelt es sich, wenn das eine Unternehmen seine rechtliche Selbstständigkeit beibehält und seine wirtschaftliche Selbstständigkeit verliert?

   a) Fusion durch Aufnahme ☐
   b) Fusion durch Neubildung ☐
   c) Unterordnungskonzern ☐
   d) Gleichordnungskonzern ☐
   e) Holding ☐

4. In welchem Fall handelt es sich um einen diagonalen Unternehmenszusammenschluss?

   a) Busunternehmen A fusioniert mit Busunternehmen B. ☐
   b) Das Sägewerk schließt sich mit einer Möbelfabrik zusammen. ☐
   c) Der Stahlhändler A kauft die freie Tankstelle B. ☐
   d) Zwei Spediteure in einem Ort schließen sich zur „Nordwest-Spedition“ zusammen. ☐
   e) Eine Großbäckerei schließt sich mit einer Lebensmittelkette zusammen. ☐

5. In welchem Fall handelt es sich um einen vertikalen Unternehmenszusammenschluss?

a) Ein Bekleidungsgeschäft wird von einer Handelskette aufgekauft.
b) Der Stahlhändler A kauft die freie Tankstelle B.
c) Zwei Spediteure in einem Ort schließen sich zur „Nordwest-Spedition" zusammen.
d) Eine Großbäckerei schließt sich mit einer Lebensmittelkette zusammen.
e) Busunternehmen A fusioniert mit Busunternehmen B.

6. In welchem Fall handelt es sich um einen horizontalen Unternehmenszusammenschluss?

a) Die Molkerei schließt sich mit dem Großhändler für Milchprodukte zusammen.
b) Das Sägewerk schließt sich mit einer Möbelfabrik zusammen.
c) Der Stahlhändler A kauft die freie Tankstelle B.
d) Zwei Spediteure in einem Ort schließen sich zur „Nordwest-Spedition" zusammen.
e) Eine Großbäckerei schließt sich mit einer Lebensmittelkette zusammen.

4 Zahlungen im logistischen Prozess

Arbeitsblatt 1: Die Einführung des Euro

1. In welchen der folgenden Mitgliedsländer der Europäischen Union (EU) ist der Euro kein gesetzliches Zahlungsmittel?

   Tragen Sie die Nummer des Landes in die vorbereitenden Kästchen ein

   (1) Belgien
   (2) Dänemark
   (3) Finnland
   (4) Polen
   (5) Bundesrepublik Deutschland
   (6) Schweden
   (7) Italien
   (8) Spanien

   Lösung

2. Im Januar des Jahres 2012 wurde das 10-jährige Jubiläum der Einführung des Euro-Bargeldes gefeiert. Beantworten Sie mit Hilfe der unten stehenden Grafik folgende Fragen:

   a) Wie viel Millionen Euro-Scheine waren im Oktober 2011 insgesamt im Umlauf? ____________

   b) Wie hoch war der gesamte Wert der umlaufenden Banknoten? ____________

   c) Welche Banknote (Schein) ist am häufigsten im Umlauf? ____________

   d) Welche Euro-Banknote repräsentiert den höchsten Wert? ____________

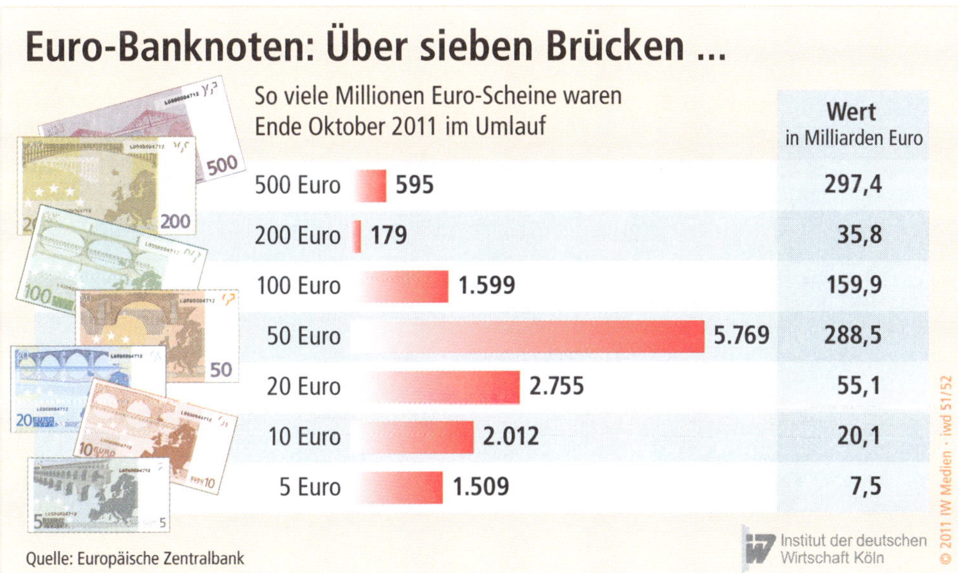

© 2011, IW Medien · iwd 51/52

3. Welche Aussage zum Umtausch der Deutsche-Mark-Banknoten und -Münzen in Euro ist richtig?

a) Der Umtausch von DM-Münzen in Euro wurde von der Deutschen Bundesbank am 31.12.2011 eingestellt. ☐
b) DM-Banknoten und -Münzen können bis 31.12.2013 bei der Bundesbank zum Kurs 1 EUR = 1,95583 DM in Euro umgetauscht werden. ☐
c) Die Bundesbank ist nur verpflichtet, DM-Banknoten bis zu einem Wert von 1.000,00 DM in Euro umzutauschen. ☐
d) Bundesbürger können DM-Banknoten und -Münzen unbefristet bei der Bundesbank in Euro einwechseln. ☐
e) Die Verpflichtung der Bundesbank DM-Banknoten und -Münzen in Euro umzutauschen erlischt am 31.12.2015. ☐

4. In welchen der folgenden Länder ist der Euro gesetzliches Zahlungsmittel?
Tragen Sie die Nummer des Landes in die Kästchen ein.

(1) Norwegen
(2) Schweden
(3) Österreich
(4) Schweiz
(5) Polen
(6) Irland
(7) Ungarn
(8) Spanien

Lösung ☐ ☐ ☐

Arbeitsblatt 2: Zahlungsmittel und Zahlungsformen

1. Bei Zahlungen im Einzelhandel in der Bundesrepublik Deutschland ist die Bargeldzahlung bei den Kunden nach wie vor das beliebteste Zahlungsmittel.

Wie hoch war der Anteil der Barzahlung in Prozent im Jahr 2010 am Gesamtumsatz im Einzelhandel?

Lösung: ______________________________

Anteile der Zahlungsarten am Umsatz des Einzelhandels i. e. S. in Deutschland 2010

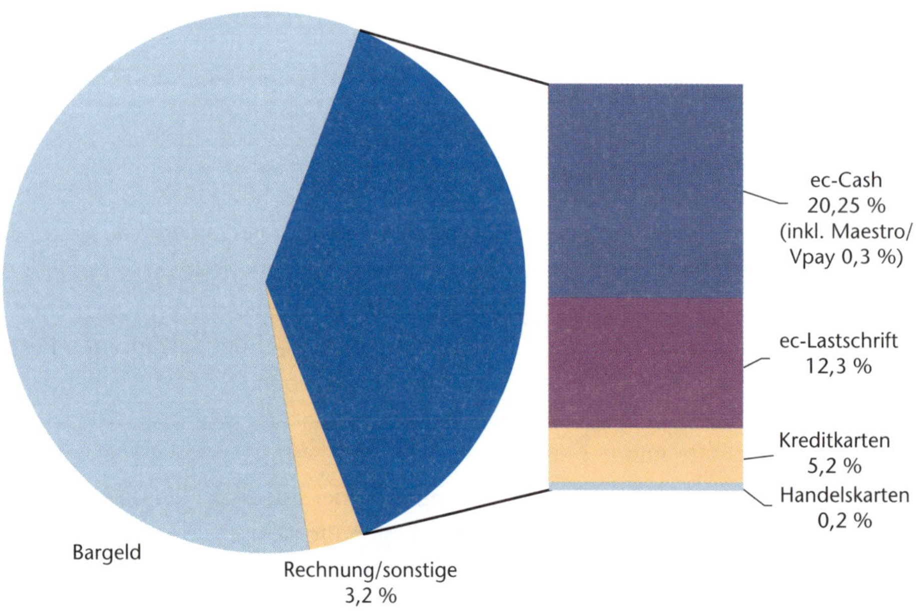

Quelle: EHI Retail Institute, Erhebung für das Jahr 2010
Einzelhandel-Umsatz i. e. S.: 3765 Mrd. EUR (exkl. Mineralöl. Apotheken. Versandhandel. Kfz)

2. Im beruflichen wie privaten Alltag werden im Zahlungsverkehr

A Barzahlung,
B halb bare Zahlung und
C bargeldlose Zahlung unterschieden.

Ordnen Sie die folgenden Beispiele den entsprechenden Zahlungsarten zu.

(1) Money Transfer
(2) Zahlschein
(3) Überweisung
(4) Bankcard/Girocard
(5) Barscheck
(6) Verrechnungsscheck
(7) Kreditkarte
(8) Kauf einer Zeitung

3. Welche Aussage zur Bargeldzahlung mit Euro-Münzen in der Bundesrepublik Deutschland ist richtig?

Tragen Sie die richtige Ziffer in das Kästchen ein.

(1) Euro-Münzen dürfen vom Zahler nur in Verbindung mit Euro-Banknotenscheinen verwendet werden.
(2) Euro-Münzen können zur Barzahlung in beliebiger Menge und Wert verwendet werden.
(3) Niemand ist verpflichtet, Münzen im Wert von mehr als 100,00 EUR oder mehr als 50 Stück anzunehmen.
(4) Euro-Münzen dürfen zur Barzahlung nur verwendet werden, wenn auf der Rückseite der Münze der Bundesadler zu sehen ist.
(5) Niemand ist verpflichtet, Münzen im Wert von mehr als 200,00 EUR und mehr als 100 Stück anzunehmen.

4. Die Spedition Pfeilschnell in Frankfurt am Main erhält von einem Kunden den Auftrag, einen Gütertransport auf dem Landweg nach Tallin durchzuführen. Durch welche Staaten führt die Transportstrecke? Tragen Sie die entsprechenden Länder ein, beginnend mit der BR-Deutschland.

1 BR-Deutschland 2 ____________________

3 ____________________ 4 ____________________

5 ____________________

In welchen dieser Länder ist der Euro gesetzliches Zahlungsmittel? ____________________,

____

In Tallin hat der Lkw einen Schaden. Für die notwendige Fahrzeugreparatur hat der Lkw-Fahrer Herr Müller nicht genügend Bargeld dabei. Die Werkstatt in Tallin fordert jedoch Barzahlung der Reparaturrechnung. Nach Rücksprache mit dem Disponenten der Spedition Pfeilschnell wird die Spedition den Bargeldtransfer in Höhe von 2.500,00 EUR durch den Postbank-Minuten-Service/Money Transfer nach Tallin übermitteln. Der Disponent beauftragt Sie, die Einzahlung bei der zuständigen Postagentur vorzunehmen und die damit verbundenen Formalitäten zu erledigen.

Füllen Sie den folgenden Vordruck aus.

Anschrift der Western Union in Tallin:
Western Union
Tallininna Postkonten
Narva mnl 1
EST 19090 Tallinn
Tel. 6177037

Anschrift der Spedition Pfeilschnell:
Spedition Pfeilschnell
Krumme Lanke 23
D 60788 Frankfurt
Tel. 069-995788908

Bitte füllen Sie den Auftrag in Druckbuchstaben aus.
Please complete the form in block letters.

WESTERN UNION | MONEY TRANSFER

Postbank Minuten-Service Einzahlung

Postbank

To send money

Geldversand mit Fa. Western Union Financial Services GmbH, Frankfurt am Main

Betrag Amount

Betrag: Euro, Cent

Hinweis
Über 12.500 Euro besteht Meldepflicht gemäß Außenwirtschaftsverordnung.

Betrag in Buchstaben Amount in words

Empfänger Receiver

Name Last name

Vorname First name

Straße, Hausnummer Street, number

Postleitzahl Postal Code | Ort City, town

Land Country

Codewort codeword (max. 15 Zeichen)

Absender Sender

Name Last name

Vorname First name

Straße, Hausnummer Street, number

Postleitzahl Postal Code

Ort City, town

Land Country

Geburtsdatum Date of birth | Geburtsort Place of birth

Staatsangehörigkeit

Telefon privat: Phone home: | Vorwahl Area Code | Rufnummer Number

geschäftlich: Phone office: | Vorwahl Area Code | Rufnummer Number

Legitimation durch Mitarbeiter

Art und Nummer des Ausweises

Ausstellende Behörde

Ausstellungsdatum

Hinweis

Es gelten die Bedingungen auf der Rückseite des Auftrags und das Preisverzeichnisses der Dt. Postbank AG. Der Vertrag über den Geldversand wird geschlossen mit der Firma Western Union Financial Services GmbH, Friedrich-Ebert-Anlage 2-14, D-60325 Frankfurt am Main. Geschäftsführer: Dr. Doris Wohlschlaegl-Aschberger, Dipl. oec. Siegfried Bergles. Handelsregistereintragung: Amtsgericht Frankfurt am Main, HRB 46600. Weitere Informationen erhalten Sie unter www.westernunion.com oder telefonisch beim Postbank Direkt-Service unter 0180-3040700 (9Cent/Minute).

**Die Auszahlung erfolgt auch ohne Angabe der Geldtransfer-Steuerungsnummer oder Testfrage(Codewort), sofern sich der Empfänger ordnungsgemäß identifizieren kann.*

Datum Date

Unterschrift Signature

Kundin/Kunde: Unterschrift
Customer's signature

924 501 000 07.05

Bitte die nachfolgenden Felder nicht ausfüllen.
Do not write in this area.

Kann der Empfänger sich ausweisen?
Will the receiver have a valid identification?

☐ ja yes ☐ nein no

Falls nein, bitte erkundigen Sie sich, ob im Zielland eine Auszahlung ohne Ausweis möglich ist.
If not, please make sure whether payment in the country of destination is possible without identification.

Geldtransferkontrollnummer* Money transfer control number*

Deutsche Postbank AG,
Faxnummer: 06 81 / 39 92 63

Kassenkennzahl

Einlieferungsnummer

Ländercode

Betrag: Euro, Cent

Entgelt: Euro, Cent

Erhaltener Gesamtbetrag: Euro, Cent

Annahmedatum und -uhrzeit

Einlieferungsort

Angenommen: Unterschrift

Operatornummer

Geldtransferkontrollnummer*

Erfassungsdatum und -uhrzeit

Erfasst: Unterschrift

Auftrag für die Postbank Postbank copy

Ergänzen Sie die Lücken in den folgenden Schritten der Auftragsabwicklung:

Nach dem ______________________ des Formulars gehen Sie zum Schalter und zahlen den Überweisungsbetrag ________________ ein. Von der Post erhalten Sie die ____________ ___________, die sogenannte ______________ (Money Transfer Control Number). Diese ___________ ist keine Geheim ______, die den Empfänger zur ______________ ______________ des Geldes berechtigt. Auch ohne Kenntnis der ____________ kann das Geld _______________________ werden.

Informieren Sie Herrn Müller in Tallin über die

________________________,

____

____

Weisen Sie außerdem Herrn Müller darauf hin, dass er zur Abholung des Geldes einen gültigen ____________________ vorlegen muss.

5. Die Zahlungsarten im Einzelhandel verändern sich, wie ein Vergleich zwischen dem Jahr 1994 und 2010 zeigt. Welche Aussage zur unten stehenden Grafik ist richtig?

a) Der Anteil an Barzahlungen zwischen 1994 und 2010 hat sich um 30 % verringert. ☐
b) Die Zahlung mit Kreditkarte hat sich im Zeitraum von 1994 bis 2010 verdreifacht. ☐
c) Die Zahlung mit EC-Karte hat sich im Vergleich von 1994 zu 2010 verzehnfacht. ☐
d) Die Zahlung mit Scheck hat an Bedeutung verloren. ☐
e) Der Anteil sonstiger Zahlungsmittel hat im Zeitraum zwischen 1994 und 2010 am stärksten zugenommen. ☐

Die Bedeutung des Bargelds schwindet

Anteile der Zahlungsarten am Umsatz des Einzelhandels in Prozent

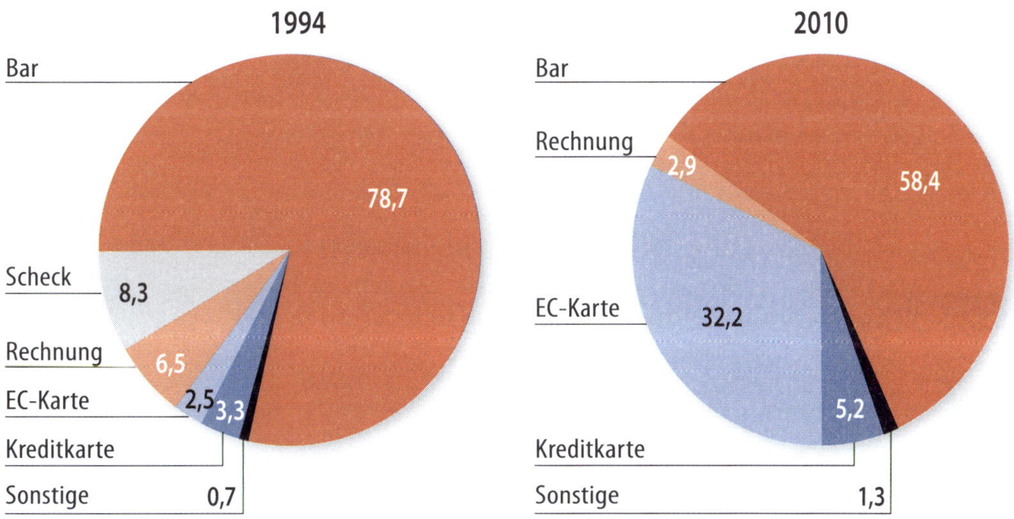

Quelle: EHI F.A.Z.-Grafik Kaiser

6. Die SEPA-Überweisung ist seit Januar 2008 am Bankenmarkt verfügbar. In der Bundesrepublik Deutschland wurde sie nur in sehr geringem Umfang genutzt. Ab 2012 wird sich das ändern.

   Welche Aussage zur SEPA-Überweisung ist richtig?

   (1) Das Überweisungsformular kann nur für Beträge in Euro verwendet werden. ☐
   (2) Die SEPA-Überweisung kann weltweit eingesetzt werden. ☐
   (3) Mit der SEPA-Überweisung können nur Beträge bis 12.500,00 EUR überwiesen werden. ☐
   (4) Für SEPA-Überweisungen können die bestehenden Bankleitzahlen und Kontonummern verwendet werden. ☐
   (5) Innerhalb der Europäischen Union kann die SEPA-Überweisung auch zur Überweisung von Fremdwährungen (z. B. brit. £) genutzt werden. ☐

7. Der SEPA-(Single Euro Payments Area) Zahlungsraum hat das Ziel, bargeldlosen nationalen und grenzüberschreitenden Zahlungsverkehr zu ermöglichen. Dies soll genauso einfach und kostengünstig für den Verbraucher und für Unternehmen sein wie die bisherigen nationalen Regelungen.

   Welche der folgenden Aussagen zum SEPA-Zahlungsraum sind richtig?

   (1) Der SEPA-Zahlungsraum umfasst nur die Staaten, die den Euro als gesetzliches Zahlungsmittel eingeführt haben. ☐
   (2) Der SEPA-Zahlungsraum umfasst alle Länder Europas. ☐
   (3) SEPA-Überweisungen, SEPA-Lastschrift und SEPA-Kartenzahlungen können auch in Fremdwährungen durchgeführt werden. ☐
   (4) Der SEPA-Zahlungsraum umfasst alle EU-Länder, EWR-Staaten (Island, Norwegen, Lichtenstein) sowie die Schweiz und Monaco. ☐
   (5) SEPA-Überweisungen können in beliebiger Höhe vorgenommen werden. ☐

8. Herr Hugo Manderscheid, Am Bächelchen 13, 70188 Stuttgart, hat mit seinem neuen Vermieter, der Wohnbau Genossenschaft Schöner Wohnen, In den Riederauen 16–22, 60387 Frankfurt am Main, vereinbart, die Mietzahlung einschließlich der Umlagen durch das SEPA-Lastschriftverfahren ab dem 01.01.20.. abzuwickeln. Die Miethöhe einschließlich der Umlagen beträgt 798,98 EUR.

   Füllen Sie den nachstehenden Antrag aus.

   Folgende Daten sollten Sie dabei noch berücksichtigen:

Bankverbindung von Herrn Manderscheid	Volksbank Stuttgart Ostheim
	IBAN DE10600901010970567890
	BIC VOBADESS
Bankverbindung Wohnbau eGmbH	Frankfurter Genossenschaftsbank
	IBAN DE56501900006000687650
	BIC FFVBDEFF
Gläubiger-Identifikationsnummer	DE02UZU012345678
Mandatsreferenz	MIETE7018856

Erteilung einer Einzugsermachtigung und eines SEPA-Lastschriftmandats

Name und Anschrift des Zahlungsempfängers (Gläubiger)	Name und Anschrift des Kontoinhabers
Gläubiger-Identifikationsnummer (CI/Creditor Identifier)	Mandatsreferenz

Einzugsermächtigung

Ich/Wir ermächtige(n) Sie widerruflich, die von mir/uns zu entrichtenden Zahlungem bei Fälligkeit durch Lastschrift von meinem/unserem Konto mit der

Kto.-Nr	Bankleitzahl
genaue Bezeichnung des konfoführendern Kreditinstituts	

einzuziehen.

SEPA-Lastschriftmandat

Ich/Wir ermächtige(n) Sie, Zahlungen von meinem/unserem Konto mittels Lastschrift einzuziehen. Zugleich weise(n) ich/wir mein/unser Kreditinstitut an, die von

auf mein/unser Konto gezogenen Lastschriften einzulösen.

Hinweis: Ich kann/Wir können innerhalb von acht Wochen, beginnend mit dem Belastungsdatum, die Erstattung des belasteten Betrags verlangen. Es gelten dabei die mit meinem/unserem Kreditinstitut vereinbarten Bedingungen.

Kreditinstitut	
BIC	IBAN DE

Ort, Datum	Unterschrift

Vor dem Einzung einer SEPA-Basis-Lastschrift werden Sie mich/uns über den Einzug in dieser Verfahrensart unterrichten.